Kürsteiner · Reden, vortragen, begeistern

Peter Kürsteiner

Reden, vortragen, begeistern

Vorträge und Reden erfolgreich vorbereiten
und professionell präsentieren

Beltz Verlag · Weinheim und Basel

Peter Kürsteiner, Jg. 1968, führt seit 1987 Vorträge, Reden und Präsentationen durch. Seit 1991 leitet er Seminare und Coachings für Firmen, Institutionen und Einzelpersonen zu den Themen Rhetorik, Präsentationstechnik, Kommunikation und Gedächtnistraining.

Kürsteiner – Seminare & Coaching
Auf dem Niederberg 10, 61118 Bad Vilbel
Tel.: 06101/888 22, Fax: 06101/83799
http://www.kuersteiner.de
E-Mail: peter@kuersteiner.de

2., aktualisierte Auflage 2002
(Die 1. Auflage ist in der Reihe Beltz Weiterbildung unter dem Titel »Reden, vortragen, überzeugen« erschienen)

Lektorat: Ingeborg Sachsenmeier

© 1999 Beltz Verlag · Weinheim und Basel
www.beltz.de
Herstellung: Klaus Kaltenberg
Satz: Mediapartner Satz und Repro GmbH, Hemsbach
Druck: Druckhaus Beltz, Hemsbach
Umschlaggestaltung: glas ag, Seeheim-Jugenheim
Umschlagabbildung: zefa visual media gmbh, Düsseldorf
Printed in Germany

ISBN 3-407-36105-X

Inhaltsverzeichnis

Vorwort

Wenn alle an einem Tisch sitzen, fällt es den meisten Menschen nicht sehr schwer, etwas zu einer Gruppe zu sagen. Soll jemand aber aufstehen und eine kleine Ansprache halten, kommt sofort Lampenfieber ins Spiel. Schon der Gedanke daran, vor einer größeren Menge von Personen sprechen zu müssen, beschleunigt bei vielen den Pulsschlag.

Die Angst, vor Publikum zu sprechen, zählt laut zahlreichen Untersuchungen zu den häufigsten Ängsten. Die Erfahrungen zeigen aber, dass das gefürchtete Lampenfieber meist mit der Anzahl gehaltener Reden schwindet. Nur bei neuen Situationen sind selbst alte Hasen noch aufgeregt. Wenn Sie sich beispielsweise eine Verleihung der »Goldenen Kamera« oder des »Löwen« im Fernsehen anschauen, werden Sie feststellen, dass selbst viele bekannte Schauspieler keinen guten Vortrag halten können. Sie lesen von kleinen Zetteln ab und sind in dieser Situation nicht souverän oder spontan.

Jeder hat etwas zu sagen, nur die Art und Weise, wie man es tut, entscheidet darüber, ob einem zugehört wird oder nicht. Ein und derselbe Inhalt kann durch eine lebendige zuhörerfreundliche Darstellung zum spannenden Erlebnis werden, eine langweilige Darstellung wird dagegen für die Zuhörer zur Tortur.

Dieses Buch soll Ihnen helfen, dass Sie sich bei Vorträgen wohler und sicherer fühlen und einen klaren Leitfaden zur Verfügung haben, der Ihnen den Aufbau und die Gliederung Ihrer zukünftigen Reden erleichtert. Mit Hilfe der zahlreichen Übungen können Sie direkte Erfolge erzielen. Sie lernen so Stück für Stück, Ihre Vorträge besser zu gestalten und vorzutragen. Sie sollen es immer mehr genießen, einer Gruppe etwas mitzuteilen.

Danksagung

Vielleicht sind Sie der Meinung, dass dieses Buch das Werk eines Einzelnen ist. Es ist nicht so. Ohne die Hilfe vieler Personen wäre es mir nicht möglich gewesen, dieses Buch zu schreiben.

Großer Dank geht an alle Seminarteilnehmer, die mit vielen Tipps und der Durchführung der praktischen Übungen zum Gelingen dieses Buches maßgeblich beigetragen haben. Auch Inga Berkensträter möchte ich danken. Sie hat für die Zeichnungen gesorgt und damit den geschriebenen Wörtern mehr Lebendigkeit verliehen.

Meiner Frau Beate möchte ich ebenfalls danken, da Sie zum Gelingen des Buches sehr beigetragen hat. Mein Dank geht auch an Wilfried Possin und Dr. Peter Heigl, die mich mit ihrem fachkundigen Rat unterstützt haben.

Ihre Meinung ist mir wichtig!

Ich habe dieses Buch für Leser wie Sie geschrieben. Ihre Meinung ist mir wirklich wichtig. Vielleicht haben Sie Fragen, Anregungen, Verbesserungsvorschläge oder ein Erfolgserlebnis nach dem Lesen dieses Buches. Ich freue mich, wenn ich von Ihnen ein Feedback erhalte.

Ich wünsche Ihnen viel Erfolg und auch viel Spaß bei diesem Buch!

Einleitung

Ihr Nutzen

Folgenden Nutzen können Sie aus diesem Buch ziehen:

- weniger Lampenfieber,
- leichte Vorbereitung für Ihre Reden und Vorträge,
- gute Gliederung Ihres Vortrages,
- geschickter Umgang mit Fragen oder Störungen,
- gewandtere Ausdrucksweise,
- weniger Missverständnisse,
- mehr Begeisterung Ihrer Zuhörer,
- gesteigerte Überzeugungskraft.

Wie das Buch entstand

Das Buch entstand aus einem Skript für Seminare, die ich seit Jahren für Firmen und Institute durchführe. Nach und nach entstanden immer mehr Übungen, die ich für Seminarteilnehmer zusammengestellt hatte.

Viele der Seminarteilnehmer äußerten den Wunsch, die erlernten Inhalte in einem Buch noch weiter zu vertiefen. Dies war schließlich der Auslöser, dieses Buch zu schreiben. Das Ergebnis halten Sie heute in Ihren Händen.

Der Aufbau des Buches

Durch die Arbeit in den Seminaren beeinflusst, habe ich mich in diesem Buch hauptsächlich auf Informationen und Übungen beschränkt, die Ihnen einen direkten Erfolg und eine Hilfe in Ihrem täglichen Leben bieten sollen. Sie finden also statt einem allgemein gehaltenen Tipp, wie beispielsweise »Bleiben Sie ruhig!«, konkrete Hinweise, wie Sie das tun können (siehe Kapitel »Lampenfieber ade«). Alle Tipps wurden in meinen Rhetorik-Seminaren erprobt und haben sich bewährt.

Selektives Lesen bringt Sie am schnellsten zum Ziel

Am Anfang eines jeden Kapitels gibt es eine kurze Einleitung über den Inhalt und welchen Nutzen Sie daraus ziehen können. Sollten Sie sich davon nicht so angesprochen fühlen, empfehle ich, ruhig einmal ein Kapitel auszulassen und nach dem nächsten, für Sie interessanten zu suchen. Dies ist auf jeden Fall besser, als sich an einem für Sie nicht so wichtigen Stoff festzubeißen und deshalb das ganze Buch zur Seite zu legen.

Das Buch enthält zu den theoretischen Erklärungen zahlreiche interessante Übungen. Sie ziehen natürlich den größten Nutzen daraus, wenn Sie die Übungen wirklich durchführen. Manche Übungen erscheinen einem am Anfang etwas ungewohnt, gerade dann, wenn Sie diese alleine ausüben. Probieren Sie sie dennoch einmal aus. Sie werden meist schnell eine Veränderung bei sich feststellen.

Am Ende eines jeden Kapitels finden Sie zu Ihrer eigenen Überprüfung einige Fragen über den Inhalt, den Sie gerade gelesen haben. Ich hoffe, es erinnert Sie nicht zu sehr an Tests in der Schule. Diese Methode hat sich aber als die wirkungsvollste erwiesen, um einen Lernstoff zu überprüfen.

Sollten Sie Fragen, Anregungen, Vorschläge oder Wünsche bezüglich dieses Buches haben, so freue ich mich über Ihren Brief. Meine Adresse finden Sie auf Seite 4.

Was ist ein guter Redner?

Bevor wir beginnen, sollten wir uns darüber einigen, was überhaupt ein »guter« Redner ist. Wenn Sie in diesem Buch eine Anleitung suchen, wie Sie andere geschickt »an die Wand reden« oder in einem Verkaufsgespräch noch leichter »über den Tisch ziehen«, empfehle ich Ihnen, dieses Buch wieder zur Seite zu legen. Auch die Fähigkeit, viel zu reden und nichts auszusagen, wird in diesem Buch nicht gefördert.

Mir geht es vielmehr darum, Ihre Fähigkeiten und Fertigkeiten beim Reden vor Publikum aktiv zu fördern, damit Sie mit weniger Lampenfieber und mehr Spaß bei der nächsten Gelegenheit das Wort ergreifen, um sinnvolle Inhalte zu übermitteln. Das Reden vor Publikum macht dann Spaß, wenn Sie das Gefühl haben, dass Sie und Ihre Botschaft bei den Zuhörern gut ankommen.

Vortrag, Rede oder Präsentation

Vielleicht haben Sie sich schon einmal gefragt, was der Unterschied zwischen Rede, Vortrag und einer Präsentation ist. Im Duden findet man folgende Unterscheidungen:

- **Rede:**
  Ansprache, mündliche Darlegung von Gedanken vor einem Publikum über ein bestimmtes Thema oder Arbeitsgebiet.
- **Vortrag:**
  Rede über ein bestimmtes (wissenschaftliches) Thema.
- **Präsentation:**
  Darstellen von etwas.

Sie sehen, dass die Gebiete ineinander übergehen.

In der praktischen Verwendung wird das Wort Rede meist zu bestimmten Anlässen verwendet. Diese können beispielsweise sein:

- Geburtstagsrede,
- Begrüßungsrede,
- Hochzeitsrede,
- Festtagsrede,
- Jubiläumsrede,
- Grabrede.

Bei einem Vortrag steht der unterhaltende Aspekt nicht im Vordergrund. Hier geht es vielmehr darum, die Zuhörer zu informieren oder von etwas zu überzeugen. In Vorträgen können auch Medien, wie zum Beispiel Overhead-Folien, Flipchart usw., zum Einsatz kommen. Bei einer Rede ist dies eher ungewöhnlich. Nehmen die Medien einen größeren Bestandteil der Darbietung ein, so geht der Vortrag fließend in eine Präsentation über. Wenn Sie allerdings etwas präsentieren, verwenden Sie natürlich gleichzeitig Bestandteile einer Rede.

Da die Übergänge von Rede und Vortrag fließend sind, werden sie in diesem Buch gemeinsam behandelt. Auf den Medieneinsatz gehe ich nur kurz ein. Zu diesem Thema empfehle ich das Studium entsprechender Literatur.

Drei Faktoren bestimmen den Erfolg

Insgesamt sind es drei Faktoren, die Ihren Erfolg bestimmen. Zum einen gehört dazu Ihr persönliches Auftreten. Dazu zählen Selbstsicherheit, Körpersprache, Gestik, Mimik, Kleidung, Freundlichkeit, Ausstrahlung etc.

Zum Zweiten ist natürlich der Inhalt des Gesagten selbst von Bedeutung. Wenn Sie ein Produkt haben, das einzigartig ist, so wird dies eventuell negativ erscheinende Eigenarten bei der Darstellung oder beim persönlichen Auftreten wettmachen. Je mehr Ihr Vortragsinhalt nicht von sich aus die Zuhörer fesselt, umso mehr fallen die anderen beiden Faktoren ins Gewicht. Sie sollten auf jeden Fall stets darauf achten, ob Ihr Inhalt auch für Ihre Zielgruppe von Nutzen ist. Das heißt, es kommt darauf an, ob der Inhalt neu ist, Nutzen bringt, die Arbeit erleichtert, Geld oder Zeit spart, Vergnügen bereitet oder andere grundlegende Bedürfnisse der Zuhörer anspricht.

Die Darstellung ist der dritte Faktor, der über Erfolg oder Misserfolg Ihres Vortrages entscheidet. Zur Darstellung zählt die Art und Weise, in der Sie Ihren Inhalt vorstellen, Gliederung, Spannungskurve, Medieneinsatz, also alles, was zur »Verpackung« Ihrer Informationen zählt.

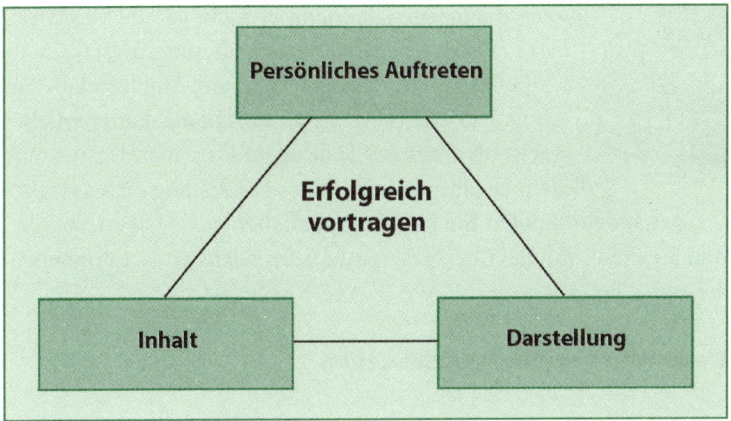

Wenn einer dieser Faktoren Schwachpunkte aufweist, leidet der gesamte Vortrag darunter und der Erfolg ist fraglich.

Kapitel 1
Lampenfieber ade

Denken Sie positiv

»Morgen werden Sie die Ansprache vor 450 Personen halten!« Wenn ich diesen Satz im Seminar zum Test sage, reagieren die meisten Teilnehmer nicht gerade begeistert. Das Erste, was sichtbar wird, ist häufig Angst.

Bei der Erwartungsabfrage am Anfang eines Seminars kristallisiert sich das Thema Lampenfieber meist als eines der Schwerpunktthemen heraus. Aus diesem Grunde möchte ich es am Anfang dieses Buches behandeln. Sollten Sie kein Lampenfieber mehr haben, so können Sie dieses Kapitel überfliegen und beim nächsten weitermachen.

Gedanken beeinflussen das Leben

»Am Anfang war das Wort«, heißt es in der Bibel. Eigentlich bedeutet dies: Am Anfang war der Gedanke. Bevor Sie etwas tun, führen Sie dies in Gedanken bereits durch. Dies muss nicht unmittelbar davor geschehen. Meist geschieht es auch unbewusst.

Ich höre immer wieder Teilnehmer im Seminar sagen: »Ich bin immer so aufgeregt! Mein Lampenfieber wird wohl nie weggehen!« Die Teilnehmer sehen dies als einfache Feststellung. Leider ist es aber zugleich eine Beeinflussung des Unterbewusstseins. Sie programmieren sich, ohne es zu merken. Der Programmbefehl an das Unterbewusstsein lautet: »Immer aufgeregt sein! Lampenfieber nicht weggehen!« Der Befehl wird vom Unterbewusstsein ausgeführt, und genau damit sind die Seminarteilnehmer unzufrieden, denn sie wollten ja kein Lampenfieber mehr haben.

»Reicht es dann, wenn ich mir einrede, dass ich ab jetzt nicht mehr aufgeregt bin?« Leider genügt das nicht ganz! Wichtig ist, dass Sie daran glauben, was Sie sich selbst sagen. Es nützt überhaupt nichts, wenn Sie sich sozusagen »einreden«, dass Sie etwas können, in Wirklichkeit aber eben nicht daran glauben.

Sie müssen das, was Sie erreichen wollen, positiv formulieren. Das Unterbewusstsein kennt nämlich keine Verneinungen. Versuchen Sie doch einmal zum Beispiel *nicht* an einen Elefanten zu denken. Oder denken Sie *nicht* an eine Mohrrübe. Und? Es funktioniert garantiert nicht!

Sagen Sie deshalb statt: »Ich will nicht aufgeregt sein!«, lieber: »Ich bin ruhig!« Es ist zudem empfehlenswert, sich diese Formulierung in der Gegenwartsform einzuprägen. Die Wirkung zeigt sich natürlich nicht beim ersten Mal, sondern nach einem stetigen immer Wiederaufsagen. Am besten nehmen Sie sich ein kleines Blatt Papier und schreiben sich diesen

Gute Suggestionen zeigen meist schnell Wirkung

Satz als selbsterfüllende Prophezeiung auf. In den Seminaren macht dies jeder mit einem Satz, der für ihn eine wichtige Bedeutung hat. Der eine notiert den eben erwähnten Satz, ein anderer den Satz: »Ich stehe ganz ruhig!« und wieder ein anderer: »Ich spreche langsam!«.

Das positive Programmieren ist zwar noch nicht alles, aber bereits ein elementarer Schritt auf dem Weg zum Erfolg. Erst kürzlich hatte ich eine Seminarteilnehmerin, die immer wieder von sich sagte, dass sie »sehr schlecht sei« und »eine peinliche Figur abgäbe«. Sicherlich machte sie bei den Übungen Fehler, aber diese waren nicht sehr gravierend. Als sie sich dann in der Videoaufzeichnung sah, fand sie sich gar nicht so furchtbar, wie sie sich das immer vorgestellt hatte. Ich bat sie, ab sofort mit ihren negativen Programmierungen aufzuhören. Im weiteren Seminarverlauf machte ich sie darauf aufmerksam, wenn ihr wieder einmal eine dieser negativen Bemerkungen dazwischen rutschte. Bereits nach zwei Tagen waren die Vorträge viel besser, und vor allem hatte sie ein gutes Gefühl dabei.

Die Tatsache, dass unsere Gedanken maßgeblich für unser Verhalten ursächlich sind, finden wir bereits in alten Büchern, zum Beispiel im Talmud:

Der Gedanke erschafft

Achte auf deine Gedanken,
denn deine Gedanken werden zu Worten.

Achte auf deine Worte,
denn deine Worte werden zu Handlungen.

Achte auf deine Handlungen,
denn deine Handlungen werden zur Gewohnheit.

Achte auf deine Gewohnheiten,
denn deine Gewohnheiten werden zum Schicksal.

Diese Zeilen aus dem Talmud zeigen uns, dass wir darauf achten sollten, wie wir uns täglich programmieren.

Auch das Wort »Erfolg« liefert uns einen Hinweis darauf, dass etwas vorher passiert sein muss. Denn in diesem Begriff ist das Wort »Folge« enthalten. Man könnte also sagen, dass das erfolgt, was wir vorher bereits geahnt haben.

Die Symptome

Beim Lampenfieber stören uns die Symptome. Die häufigsten führe ich hier, nach zwei Kategorien getrennt, für Sie auf.

Symptome, die für alle sichtbar sind

- starkes sichtbares Schwitzen,
- geduckte Haltung,
- lautes hektisches Atmen,
- Erröten,
- Wortbeiträge vergessen, Black-out,
- hin- und herlaufen oder wippen,
- hektische Bewegungen,
- enge bzw. gar keine Gestik,
- ängstlicher, unruhiger Blick,
- kein oder hektischer Blickkontakt,
- starkes Vibrieren der Stimme.

Symptome, die nur für den Vortragenden spürbar sind

- Pupillen verändern sich, gute Fernsicht – schlechte Nahsicht,
- innere Hitze, Druckgefühl,
- flacher, hastiger, leiser Atem,
- feuchte Hände,
- trockener Mund,
- leichte Veränderungen in der Stimme,
- erhöhter Herzschlag, hoher Blutdruck,
- verstärktes, für andere nicht sichtbares Schwitzen.

Meistens nehmen die Zuhörer das Lampenfieber nicht so stark wahr wie der Vortragende selbst. Es muss Sie jemand schon sehr gut kennen oder ein geschultes Auge haben, um die kleinen Veränderungen wahrzunehmen. Viele Seminarteilnehmer, die unter Lampenfieber leiden, erfahren im Seminar, dass das Eigenbild und das Fremdbild stark auseinander gehen. Beim Feedback sagte jemand, er war fürchterlich aufgeregt, und die Zuhörer waren sich absolut einig darüber, dass derjenige ein ruhiges sicheres Bild abgegeben hat. Das innere Gefühl und die äußere Erscheinung stimmen in diesem Punkt oftmals nicht überein.

Die körperlichen und geistigen Reaktionen werden von (unbewussten) Ängsten ausgelöst. Die körperlichen Reaktionen stammen aus einer Zeit, in der wir unsere Körper vor Angreifern in Schutz bringen oder einen Kampf bestehen mussten.

Die meisten Redner wirken ruhiger als sie sich fühlen

Die gute Fernsicht auf Kosten der Nahsicht hatte früher den Sinn, dass wir schnell Fluchtwege finden konnten. Sicherlich zur damaligen Zeit eine sinnvolle Einrichtung. Wenn ein Redner heute allerdings seine Notizen auf Grund dieser Tatsache nicht mehr lesen kann, ist dies natürlich eher hinderlich. Solange das Lampenfieber noch vorhanden ist, hilft da nur, die Notizen in ausreichender Schriftgröße anzufertigen, damit sie stets gut und schnell gelesen werden können.

Ursachen und Abhilfe

Meistens findet sich übermäßiges Lampenfieber bei Personen, die entweder sehr kritisch mit sich selbst sind oder unsicher. Je selbstbewusster eine Person ist, umso weniger Lampenfieber hat sie in der Regel. Wer die Fähigkeit besitzt, sich Fehler einzugestehen, und wer über sich selbst lachen kann, hat meist kein oder nur noch wenig Lampenfieber.

Trainieren Sie auch Ihr Selbstbewusstsein zu stärken, indem Sie bewusst Situationen eingehen, die außerhalb Ihrer täglichen Komfortzone liegen.

Die häufigsten Ursachen für Lampenfieber

- Angst, ausgelacht zu werden.
- Angst, zu versagen.
- Angst, sich zu blamieren.
- Angst, die Arbeitsstelle zu verlieren.
- Angst, hängen zu bleiben.
- Angst, etwas Wichtiges zu vergessen.
- Nicht genügend vorbereitet sein.
- Anfang nicht auswendig gelernt.
- Angst vor unangenehmen Fragen.
- Neue, ungewohnte Umgebung.
- Mit kurzfristigen Änderungen nicht umgehen können.
- Schlechte Erfahrungen von früher.
- Sich vorher schon verrückt machen.
- Nicht hinter der Sache stehen.
- Für die Zielgruppe uninteressantes Thema.
- Mit großen Widerständen rechnen.
- Ahnen, dass ein Vorgesetzter ins Wort fällt.
- Perfektionismus.

Es gibt kein Patentrezept gegen das Lampenfieber. Viele Ursachen tragen dazu bei. Je weniger Übung jemand hat, umso mehr Lampenfieber wird er spüren. Ein wenig davon wird als angenehme Anspannung empfunden. Dominiert das Lampenfieber allerdings, so stört es meistens sehr. Nachfolgend finden Sie, entsprechend den jeweiligen Ursachen, Ratschläge, wie Sie den einzelnen Ursachen entgegenwirken können. Ich hoffe, es ist auch etwas für Sie dabei.

Angst, ausgelacht zu werden, zu versagen, sich zu blamieren

Solange Sie davor Angst haben, dass Sie sich mit irgendeiner Äußerung lächerlich machen können, dass Sie sich blamieren, werden Sie nur schwer Ihr Lampenfieber ablegen können. Mit einer inneren

Gelassenheit dagegen, wenn Sie über mögliche peinliche Situationen lachen können, haben Sie die besten Chancen, Ihr Lampenfieber in den Griff zu bekommen. Mein Ratschlag: Nehmen Sie sich nicht ganz so ernst.

Angst, die Arbeitsstelle zu verlieren

Es gibt wirklich wenige Situationen, wo die Arbeitsstelle von einem einzigen Vortrag oder einer Präsentation abhängt. In der Regel ist diese Angst also unbegründet. Sollte dies allerdings wirklich der Fall sein, so sollte sie wenigstens so gut bezahlt sein, dass Sie ausreichend Zeit haben, sich eine neue Arbeitsstelle zu suchen.

Angst, hängen zu bleiben

Viele Menschen haben Angst davor, im Vortrag einen Black-out zu erleben. Meist stammt diese Angst von Kindheitserlebnissen aus der Schulzeit, wo ein Black-out bei einer Klassenarbeit oder an der Tafel 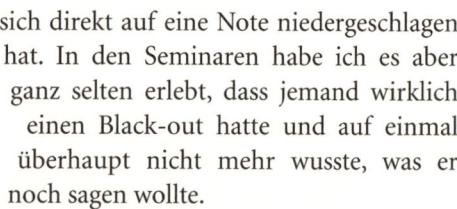 sich direkt auf eine Note niedergeschlagen hat. In den Seminaren habe ich es aber ganz selten erlebt, dass jemand wirklich einen Black-out hatte und auf einmal überhaupt nicht mehr wusste, was er noch sagen wollte.

Um diesen Fällen vorzubeugen, hilft ein gut gegliederter Stichwortzettel. Die Pause von ein paar Sekunden, die Sie zur Orientierung auf dem Zettel benötigen, ist für die Zuhörer meist angenehm, da sie in dieser Zeit die gesagten Inhalte verarbeiten können.

Sie können das Hängenbleiben auch geschickt kaschieren durch Formulierungen, wie zum Beispiel »Lassen Sie mich noch einmal zusammenfassen …«, »Ich möchte es noch einmal anders ausdrücken …«, »Das Wichtigste war also …«. Bei dieser Methode drehen

Sie einfach eine kleine Schleife zu den vorher gesagten Inhalten und vertiefen diese nochmals. Den meisten Zuhörern fällt dies nicht als Hängenbleiben, sondern eher als angenehme Vertiefung auf.

Sollten Sie am Anfang einer Rede hängen bleiben, so ist diese Technik leider nicht möglich, weil es ja noch nichts zum Zusammenfassen gibt. Hier hilft vielleicht ein lustiger Spruch weiter wie: »Gestern wussten der liebe Gott und ich, was ich an dieser Stelle sagen werde, jetzt weiß es leider nur noch er!«

Angst, etwas Wichtiges zu vergessen

Oftmals besteht auch die Angst, etwas Wichtiges zu vergessen. Sie können dies leicht ausschließen durch ein mehrmaliges vorheriges Durchsprechen Ihres Vortrages. Sollten Sie trotzdem noch Angst haben, nehmen Sie einfach einen Stichwortzettel. Üben Sie aber den Umgang mit diesem unbedingt vorher, damit Sie nicht zu lange auf den Zettel schauen müssen.

Angst erzeugt Adrenalin. Adrenalin erzeugt Blockaden

Wenn Sie Namen von Personen im Verlauf der Rede nennen wollen, sollten Sie diese unbedingt auf Knopfdruck auswendig wissen. Erst kürzlich erlebte ich eine Rede, wo der Brautvater den Namen des Vaters vom Bräutigam nicht mehr wusste. Er wurde rot und fühlte sich nicht gerade gut in dieser Situation. Zu diesem Punkt lesen Sie bitte auch die Tipps in dem Kapitel »Freie Rede durch Gedächtnistraining«.

Nicht genügend vorbereitet sein

Eine der häufigsten Ursachen für Lampenfieber ist eine mangelhafte Vorbereitung. Die meisten hören mit der Vorbereitung bereits auf, wenn der Stichwortzettel fertig ist. Eine gute Vorbereitung endet aber erst mit der Generalprobe. Bitten Sie einen Kollegen, Ihren Partner, einen Verwandten oder Bekannten zuzuhören, oder, wenn dies nicht möglich ist, sprechen Sie es für sich auf Tonband. Wenn Sie einen Zuhörer haben, sollte sich dieser Notizen machen und Ihnen nach dem Vortrag ein Feedback geben. Unterbrechen Sie die Generalprobe nicht, sonst ist es nur eine Teilprobe. Eine General-probe im Theater wird auch nur im äußersten Notfall unterbrochen. Im Seminar ist immer wieder zu beobachten, wie die Qualität der Vorträge nach der Generalprobe steigt.

Anfang nicht auswendig gelernt

Das Lampenfieber ist bei den meisten Menschen am Anfang eines Vortrages am größten. Sie können dies verringern, indem Sie den Anfang Ihres Vortrages auswendig lernen. Bei einem Vortrag von einer halben Stunde sollten Sie die ersten drei Minuten wortwörtlich auswendig können. Somit vermeiden Sie Versprecher und Verhas-pler am Anfang.

Angst vor unangenehmen Fragen

»Was mache ich denn, wenn blöde Fragen kommen?«, fragte vor kurzem ein Teilnehmer im Einzelcoaching. Wir fertigten eine Liste aller wahrscheinlichen (auch der unangeneh-men) Fragen an und überlegten uns die Ant-worten dazu. Wir trainierten dann die Fragen und die Antworten. Gefestigt ging er in seinen Vortrag. Er wusste genau, dass ihn nun keine Frage aus der Ruhe bringen konnte.

Eine Liste mit möglichen Fragen (und die Antworten dazu) kann sehr beruhigen

Er rief mich nach dem Vortrag an und war überrascht darüber, dass die Fragen und Angriffe gar nicht so schlimm waren, wie wir es vorher trainiert hatten. »Es ging viel leichter, als ich vermutet hatte!«

Neue, ungewohnte Umgebung

Wenn Sie die nächste Rede in Ihrem Wohnzimmer halten müssten, wären Sie wahrscheinlich weniger aufgeregt als in einer fremden, ungewohnten Umgebung. Ein erfahrener Seminarleiter gab mir den Tipp, sich mit dem neuen Ort vorher vertraut zu machen, indem ich meinen Tastsinn aktiv verwende. Ich sollte, bevor noch jemand anderes im Raum sei, die Fenster öffnen oder schließen, Tische rücken und die Vorhänge oder Wände mit meinen Händen berühren.

Anfangs fand ich diese Vorgehensweise etwas merkwürdig, und den meisten Seminarteilnehmern geht es da ähnlich. Vom Kopf her können wir es zwar nachvollziehen, aber wenn es jemand aktiv tun soll, so kommt er sich bisweilen doch etwas dumm vor. Probieren Sie es dennoch einmal aus.

Sie werden sehen, es funktioniert, der Raum wird Ihnen vertrauter und Ihre Unsicherheit verringert sich.

Die Idee, die dahinter steckt, ist ganz einfach: Anstatt dass Sie über den bevorstehenden Vortrag und alle möglichen Pannen nachdenken, können Sie etwas aktiv tun. Extrovertiert statt introvertiert. Ein kleiner Tipp, der eine große Wirkung hat.

Mit kurzfristigen Änderungen nicht umgehen können

Manche Redner haben Schwierigkeiten mit Programmänderungen oder Veränderungen in Ihrer gewohnten Rede-Umgebung. Beispielsweise hatte ein Redner immer ein Stehpult. Jetzt fehlte es trotz vorheriger Bestellung. Es handelte sich dabei jedoch um jemanden, der alles zu planen versuchte und es nicht so gerne sah, wenn jemand Unordnung in sein System brachte. Nicht so gerne »sah«, ist hierbei noch untertrieben. Rituale standen für ihn an erster Stelle. Er begann seinen Tag immer gleich, und zum Mittagessen ging er exakt um die gleiche Zeit usw. Bei dem Vortrag kam er wegen des fehlenden Stehpultes zuerst ziemlich ins Schwitzen. Nach einer gewissen Zeit hatte er sich aber an die Situation gewöhnt. Er merkte, dass seine Inhalte auch ohne Rednerpult gut ankamen. So wurde er nach und nach sicherer. Heute macht es ihm kaum noch etwas aus, wenn kein Pult zur Verfügung steht.

Falls Sie merken, dass Sie mit neuen Situationen nicht so gut zurechtkommen, so können Sie dies jeden Tag trainieren. Bringen Sie Veränderungen in gewohnte Bahnen. Wenn **Wer oft neue** zum Beispiel in Ihrer Familie beim Essen jeder **Herausforderungen** seinen Stammplatz hat und Sie immer auf die **und Situationen** Einhaltung achten, so verändern Sie die Plätze **sucht, gewinnt an** doch einmal. Dies ist am Anfang ungewohnt, **Selbstbewusstsein** bringt aber neue Eindrücke mit sich. Seien Sie kreativ und rechnen Sie daher mit allem Möglichen bei Ihrem Vortrag. Egal was passiert, es sollte Sie nicht aus der Ruhe bringen. Es ist nur etwas anders als geplant.

Schlechte Erfahrungen von früher

Oftmals sind es verdrängte schlechte Erfahrungen von früher, die noch einen Schatten werfen auf die Freude, vor Gruppen zu sprechen. Jeder von uns wurde mindestens einmal von den Mitschülern ausgelacht, weil er Unsinn erzählt hat. Die Situation ist meistens vergessen, die Emotion dagegen gut im Unterbewusstsein abgespeichert. Nach einigen Übungen überlagern die positiven Erlebnisse die schlechten Erinnerungen. Es gilt das Sprichwort: *Übung macht den Meister.*

Sich vorher schon verrückt machen

Viele machen sich vorher selbst nervös, indem sie sich alles Mögliche vorstellen, was schief gehen kann. Statt sich aktiv abzulenken, denken sie an alles, was problematisch werden könnte. Aber diese

Gedanken werden nicht bis zu einer Lösung zu Ende gedacht, sondern als schlechte Vorstellungsbilder immer wieder aufgewärmt. Wenn Sie an Ihren nächsten Vortrag denken und noch nicht so sicher sind, können unerwünschte Situationen in den Sinn kommen. Die einen denken an gelangweilte Zuhörer, andere an kritische Blicke oder unliebsame Zwischenfragen.

Stellen Sie sich bitte jetzt einmal eine Situation vor, in der Sie einen Vortrag halten sollen. Sehen Sie die Zuhörer und bestimmen Sie selbst, wie diese schauen. Wenn einige grimmig schauen, suchen Sie weiter in den Reihen nach Zuhörern, die freundlich blicken. Konzentrieren Sie sich auf diese. Jetzt kommt eine dieser Zwischenfragen, und Sie sehen im Geiste, wie Sie eine gute Antwort geben und der Kritiker sogar zufrieden nickt. Sie stellen sich vor, wie der Vortrag zu Ende geht und Sie Applaus ernten. Es ist viel mehr Applaus, als Sie vorher gedacht haben. Sie genießen diesen und freuen sich auf den nächsten Vortrag. Versuchen Sie negative Bilder selbst umzuwandeln.

Nicht hinter der Sache stehen

Sie sollten sich überlegen, ob Sie sich einer solchen Situation überhaupt aussetzen wollen. Ein Manager, der vor einiger Zeit im Einzelcoaching bei mir war, musste auf einer Vertriebstagung zwei Produkte präsentieren. Hinter einem stand er voll und ganz, das andere fand er dagegen nicht so gut. Er teilte mir nicht mit, auf welche Produkte dies zutraf, sondern er hielt seinen vorbereiteten Vortrag.

Die Körpersprache verrät die wirkliche Einstellung

Die Äußerungen über die Produkte waren von der Wortwahl her ähnlich, nur bei einem Produkt fiel mir auf, dass die Körpersprache, Gestik und Mimik nicht überzeugend waren. Wir änderten daher die Aussagen zu diesem Produkt um in Sätze, hinter denen er stehen konnte. Er sagte zum Beispiel anstelle von: »Ich bin von dem Produkt begeistert!« (was eine glatte Lüge war), den Satz: »Die Kunden sind von dem

Produkt begeistert!« (was auch stimmte). So konnte er zu seinen Aussagen stehen und fühlte sich viel besser. Daher wurde seine unterschiedliche Einstellung zu den Produkten nicht mehr deutlich.

Für die Zielgruppe uninteressantes Thema

Vor kurzem hatte ich einen Techniker im Seminar, der einen Vortrag vor Kaufleuten halten musste, die das Thema gar nicht interessierte. Klingt unglaublich, ist aber so passiert. Er erzählte im Seminar, dass er natürlich gemerkt hat, dass er und sein Thema überhaupt nicht ankamen. Er berichtete, er musste diesen Vortrag halten, da die Geschäftsleitung diesen als wichtigen Tagungsbaustein erachtet hatte.

Da in Kürze wieder eine ähnliche Tagung stattfinden und er den Vortrag vor einer vergleichbaren Zielgruppe wieder halten sollte, modifizierten wir den Vortrag. Alle technischen Details wurden reduziert auf diejenigen, die für die Zielgruppe wichtig waren. Er ergänzte seine vorbereiteten Folien mit einem Hinweis auf den Nutzen für diese Zielgruppe. Er wies noch eindringlicher darauf hin, dass auch die Kaufleute Kenntnisse in technischen Fragen haben sollten, da durchaus auch zur Technik Fragen gestellt werden könnten. Zudem wurden alle Fachausdrücke verbannt und durch einfache Wörter ersetzt. Nach diesen Änderungen fühlte sich der Techniker mit dem Thema selbst bei der eigentlich unpassenden Zielgruppe wohl. Er hatte den Vortrag auf die Zielgruppe abgestimmt.

Nach erfolgtem Vortrag informierte er mich, dass der Vortrag wesentlich besser verlaufen sei und beim Publikum erfreulich gut ankam.

Mit großen Widerständen rechnen

Wer sich gedanklich mit großen Widerständen beschäftigt, ohne über deren Lösung nachzudenken, wird sein Lampenfieber nur schwer eindämmen können. Wenn Sie bereits vorher wissen, dass manche Ihrer Zuhörer nicht Ihrer Meinung sind, dann ist es empfehlenswert, wenn Sie auch etwas aus deren Sicht vortragen. Sie können die Einwände auf diese Weise vorwegnehmen und gleichzeitig entkräften. Auf jeden Fall sollten Sie sich im Vorfeld überlegen, wie Sie auf die Fragen oder Bemerkungen reagieren könnten. Lesen Sie hierzu auch das Kapitel zu Fragen und Störungen.

Ahnen, dass einem ein Vorgesetzter
ins Wort fällt

Ein technischer Leiter musste ein neues Produkt vorstellen. Er wusste bereits vorher, dass ihm der Vorgesetzte sicher wieder ins Wort fallen würde. Denn es war jedes Mal so, dass sein Chef irgendwas besser wusste als er selbst. Einmal beantwortete der Chef sogar die Fragen der Zuhörer und der technische Leiter stand nur noch als Statist dabei, obwohl er mit seinem Fachwissen viel tiefer gehend auf die Fragen hätte eingehen können. Auf meinen Rat hin besprach der technische Leiter diese Situation mit seinem Vorgesetzten. Er bat ihn, ihm nicht ins Wort zu fallen, selbst wenn es ihm schwer falle. Der Chef befolgte den Wunsch, und der technische Leiter konnte seinen Vortrag ungehindert halten.

Perfektionismus

Die beste Chance, Ihr Lampenfieber zu behalten, besteht dann, wenn Sie absolute Perfektion anstreben. Denn dann ärgern Sie sich übermäßig über Ihre Fehler und ignorieren alles, was Sie gut gemacht haben. Natürlich soll dies kein Freibrief für Schlamperei sein. Aber Sie sollten einplanen, dass auch Perfektionisten Fehler unterlaufen dürfen. Versuchen Sie dies mit Humor zu nehmen.

Auf den folgenden Seiten finden Sie eine Übersicht über Merkmale, aus denen Sie Sicherheit bzw. Unsicherheit ablesen können.

Unsicherheits- und Sicherheitsverhalten

Zeichen von Unsicherheit

- **Unsichere Grundeinstellung.** Auf Unvorhergesehenes extrem und hektisch reagieren.
- **Fehler betonen.** Auf Versprecher, weggelassene Folien etc. besonders und peinlich berührt hinweisen.
- **Gebeugte Haltung.** Hängende Schultern, krummer Rücken.
- **Schleppender Gang.** Am Boden schleifende Füße. Blick nach unten gerichtet.
- **Kurzer hektischer Atem.** Hyperventilieren. Richtiggehend aus der Puste kommen.
- **Enge oder keine Gestik.** Festhalten an Gegenständen (Stuhl, Tisch, Flipchart, Rednerpult etc.). Die Gestik passt nicht zum Text oder zum Anlass.
- **Arme starr.** Verschränkte Arme. Sich gegenseitig festhaltende Arme.
- **Verkrampfte Hände.** Geballte Faust, aufeinander gepresste Finger.
- **Verkrampfte Mimik.** Stirn gerunzelt. Augenbrauen nach unten gezogen. Lippen aufeinander gepresst.
- **Kein oder hektischer Blickkontakt.** Blick zum Boden oder zur Decke gerichtet. Oder hektisches Hin- und Herschauen. Anschauen nur weniger Personen, dauerhaftes Ignorieren der anderen Zuhörer.
- **Keine Modulation.** Monotone Sprechweise. Keine besonderen Betonungen. Stets gleiche Geschwindigkeit. Wenige oder keine Pausen.
- **Stetiges Ablesen.** Sich am Stichwortzettel bzw. Text festhalten.

Zeichen von Sicherheit

- **Gelassene Grundeinstellung.** Ruhige Art, auf Unvorhergesehenes ruhig und bedacht reagieren. Keine hektischen Handlungen.
- **Fehler akzeptieren.** Versprecher ignorieren oder gelassen bzw. (leicht) belustigt damit umgehen. Vergessene Folien einfach später einfügen.
- **Aufrechte Haltung.** Selbstbewusste Ausstrahlung durch eine aufrechte Haltung.
- **Aufrechter Gang.** Blick nach vorne gerichtet.
- **Ruhiger gleichmäßiger Atem.** Immer genügend Atem zur Verfügung haben.
- **Freie unterstützende Gestik.** Offene Bewegungen. Kein Festhalten an Gegenständen. Unterschiedliche, zum Text und Anlass passende Bewegungen.
- **Freie offene Bewegungen mit den Armen.** Die Arme locker bewegen.
- **Lockere offene Hände.** Freie Bewegungen mit den Händen.
- **Freundliche Mimik.** Entspannte Gesichtsmuskeln. Den Text und Inhalt betonende Bewegungen.
- **Ruhiger Blickkontakt.** Alle Personen gleichermaßen im Blickfeld behalten, zwischen zwei und fünf Sekunden Verweilzeit pro Person.
- **Abwechslungsreiche Modulation.** Betonung von Besonderem. Manchmal bewusst lauter und leiser sprechen. Pausen machen. Geschwindigkeit variieren.
- **Freie Rede oder angemessene Verwendung eines Stichwortzettels.** Die meisten Inhalte sind auswendig abgespeichert. Gelegentlich wird auf den Stichwortzettel geschaut, wie es weitergeht. Der Blick geht hauptsächlich zum Publikum.

Profis und Lampenfieber

Wenn Sie sich im Fernsehen die Profis anschauen, so denken Sie vielleicht, diese hätten niemals unter Lampenfieber gelitten. In der Realität ist es jedoch anders. Folgende Sätze stammen von bekannten Persönlichkeiten.

- **Sammy Davis jr.:** »Ein Auftritt ohne Lampenfieber ist wie eine Liebe ohne Gefühl.«
- **Udo Jürgens:** »Ich habe schon so großes Lampenfieber gehabt, dass ich dachte, es zerreißt mich. Wenn man die vielen Augen auf sich gerichtet weiß und der Öffentlichkeit wirklich ausgeliefert ist, dann braucht man schon Nerven aus Stahl, um das ohne innere Bewegung durchzuhalten.«
- **Catharina Valente:** »Lampenfieber ist einfach ein Teil des künstlerischen Erlebnisses. Man sollte es sich nicht abgewöhnen.«

Zusammenfassung: Was hilft bei Lampenfieber?

- Ziel schriftlich notieren.
- Nutzen schriftlich festhalten.
- Anfang und Ende auswendig lernen.
- Schwierige Übergänge trainieren.
- Aussprache schwieriger Wörter einüben.
- Namen von Personen auswendig lernen.
- Technik vorher überprüfen.
- Mit dem Raum vertraut machen.
- Generalprobe durchführen.

Fragen zum Lampenfieber

Nennen Sie die Hauptursache für Ihr Lampenfieber:

Was können Sie dagegen tun?

Warum nehmen die Zuhörer meist das Lampenfieber nicht so wahr wie der Vortragende?

Warum ist es sinnvoll, den Anfang Ihres Vortrages auswendig zu lernen?

Was war Ihre größte Erkenntnis in diesem Kapitel?

Kapitel 2
Planung Ihres Vortrages

Welcher Anlass liegt vor?

Der erste und grundlegende Schritt besteht in der Definition der Ausgangsbedingungen. Das Thema ist meist das erste, was wir über einen Vortrag wissen. Bevor wir uns aber in das Thema vertiefen, sollten wir einige grundlegende Fragen bedenken. Beantworten Sie daher zunächst immer folgende Fragen:

● Wer oder was veranlasste den Vortrag?
● Welche Vorgeschichte hat der Vortrag?
● Welche Aussagen gibt es zum Thema? (Interviews, Umfragen, Berichte, Erfahrungen etc.)
● Wie sind die Rahmenbedingungen? (Zeit, Ort, was passiert vorher bzw. nachher)

Wer sind meine Zuhörer?

Natürlich müssen Sie sich auch damit befassen, wie Ihr Publikum aussehen wird. Denn Sie möchten ja Ihren Vortrag gezielt auf diese Zielgruppe zuschneiden. Gehen Sie daher zunächst in Gedanken und dann später während des Vortrages mit der Gruppe einen Dialog ein und reden Sie *mit* den Zuhörern. So geben Sie ihnen das Gefühl, dass sie von Ihnen wahrgenommen werden.

Stellen Sie sich die nachfolgenden Fragen daher vor jedem Vortrag:

● Wie wurden die Zuhörer eingeladen?
● Was zeichnet die Zielgruppe aus?
● Kommen die Zuhörer freiwillig oder müssen sie den Vortrag besuchen?
● Welche Erwartungen hat das Publikum?
● Welche Vorerfahrungen, welches Vorwissen haben die Zuhörer?
● Wie stehen die Zuhörer zum Thema? (Ängste, Hemmungen usw.)
● Welche Positionen haben die Zuhörer? (Kunde, Vorgesetzter, Kollege …)
● Wie viel Zeit bringen die Zuhörer mit?

Worin besteht der Nutzen für die Zuhörer?

»Was haben Ihre Zuhörer davon, wenn sie zu diesem Vortrag gehen?« Dies sollte immer die zentrale Frage für Ihren Vortrag sein. Bevor Sie sich in das Thema vertiefen, müssen Sie daher den Nutzen Ihres Vortrages festlegen. Am besten schreiben Sie alle Vorteile auf. Sie finden am Ende dieses Kapitels eine Übung, mit der Sie einen Vortrag probehalber planen können. Im Ausklang finden Sie dann dazu ein Formular als Kopiervorlage.

Was bringt dem Zuhörer Ihre Information?

Leider werden viele Vorträge gehalten, und der Zuhörernutzen kommt überhaupt nicht zum Vorschein. An einem Seminar nahm beispielsweise ein Abteilungsleiter teil, der als Trainingsvortrag seine Abteilung den anderen Abteilungen der Firma vorstellen wollte. Als Nutzen formulierte er, dass die Zuhörer dann wüssten, was in seiner Abteilung passiert. Vordergründig ist dies vielleicht in Ordnung. Es reicht aber nur aus für einen Fünf-Minuten-Vortrag, bei dem die natürliche Höflichkeit diese fünf Minuten überbrückt. Sie sollten immer davon ausgehen, dass die Zuhörer ganz egoistisch denken. Die Zuhörer interessiert nicht so brennend, was in einer anderen Abteilung vor sich geht, es sei denn, sie haben selbst etwas davon, wenn es sich direkt auf ihre eigene Arbeit bezieht. Nur sollten Sie bedenken: Höflichkeit oder »weil man es wissen sollte« reicht in der Regel für die meisten Zuhörer als Motivation nicht aus.

Durch Nachfragen zeigte sich, dass die verschiedenen Abteilungen dieser Immobilienfirma sich gegenseitig mit Aufträgen versorgten. Eine solche Interaktion kann natürlich nur erfolgreich geschehen, wenn jede Abteilung darüber informiert ist, was die andere macht. Der Seminarteilnehmer richtete nun seinen Vortrag ganz auf den Nutzen der anderen Mitarbeiter aus. Er baute direkte Ansprachen ein, wie zum Beispiel: »… und für Sie ist doch interessant, wenn…«. – Als er dann seinen Vortrag hielt, erlebte er eine aufmerksame Zuhörerschaft, die mit Interesse seine Rede verfolgte.

Mehr »Sie« und weniger »Ich« bewirkt meist eine Erhöhung der Aufmerksamkeit

Wir gehen leider oft davon aus, dass die anderen automatisch interessiert sein müssten. Welch eigentlich arrogante Vorgehensweise! Gehen Sie daher lieber davon aus, dass kein Mensch Ihnen zuhören will und dass alle nur an ihren eigenen Vorteil denken, dann sind Sie auf der sicheren Seite.

Um den Nutzen festzustellen, prüfen Sie Ihren Vortrag anhand folgender Fragen:

● Was bringt es den Zuhörern, wenn sie diesen Vortrag hören?
● Wo können die Zuhörer diese Informationen im täglichen Leben verwenden?
● Was ist für die Zuhörer am wichtigsten?
● Was ist unwichtig für die Zielgruppe? Was können Sie weglassen?

Was ist mein Ziel? Was will ich erreichen?

Bei der Zieldefinition ist es wichtig, dass Sie darauf achten, das Ziel als zu erreichenden Zustand zu definieren. Also als »haben« und nicht als »tun«. Übernehmen Sie als Sender der Information die Verantwortung dafür, dass Ihre Informationen auch inhaltlich beim Zuhörer ankommen.

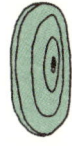 

Stellen Sie sich folgende Fragen:

- Was soll bei den Zuhörern nach dem Vortrag eingetreten sein?
- Was sollen die Zuhörer durch den Vortrag erhalten haben?
- Was wollen Sie durch den Vortrag erreichen? (Information, Überzeugung, Handlungen etc.)
- Was soll am Ende des Vortrages stattfinden? (Diskussion, Appell, Aktion etc.)

Definition des Zieles

Bei der Vorbereitung von Vorträgen beobachte ich in den Seminaren häufig, dass Teilnehmer sich direkt in das Thema vertiefen und sich gar nicht fragen, wie das eigentliche Ziel ihres Vortrages lautet.

Gerade das Ziel sollte es jedoch sein, welches uns durch die gesamte Vorbereitung begleitet. Wer das Ziel kennt, hat es leichter mit der Auswahl der Inhalte. Alles Unnötige kann weggelassen werden.

Sehr förderlich ist es, wenn Sie Ihr Ziel beim nächsten Vortrag nicht nur im Kopf, sondern einmal schriftlich fixieren. Hierbei empfiehlt es sich, dass Sie das Ziel nicht als eigene Tätigkeit, sondern als Zustand definieren, der beim Publikum nach dem Vortrag eingetroffen sein soll. Außerdem empfiehlt es sich, Ihre Zielbeschreibung so genau wie möglich abzufassen. Es reicht also nicht aus, wenn Sie als Ziel angeben: »Meine Zuhörer möchten informiert sein.«

Das folgende Beispiel soll Ihnen das verdeutlichen:

- **Ungenaue Zieldefinition.** Ich möchte meine Zuhörer über das neue Programm informieren.
- **Genauere Definition als eigene Tätigkeit.** Ich möchte meine Zuhörer über die fünf wichtigsten Vorteile des neuen Programms informieren.
- **Genauere Definition als Zustand beim Publikum.** Meine Zuhörer sind nach dem Vortrag über die fünf wichtigsten Vorteile des neuen Programms informiert.
- **Exakte Definition des Ziels als Zustand.** Von 25 anwesenden Gästen haben 20 die fünf wichtigsten Vorteile des neuen Programms verstanden und könnten diese richtig wiedergeben.

Mit Hilfe dieses Beispiels können Sie erkennen, wie die Zieldefinition immer klarer wird: von einer schwammig ausgedrückten Tätigkeit hin zu einer Beschreibung eines Zustandes, der beim Publikum nach dem Vortrag vorliegen sollte. Sie gehen damit immer mehr in die Verantwortung, ob Ihre Botschaft wirklich beim Publikum ankommt. Mit der letzten Beschreibung können Sie nach dem Vortrag sich selbst überprüfen, ob Sie Ihr Ziel tatsächlich erreicht haben.

Sein – Tun – Haben

Die Definition des Zieles wird meist als Tätigkeit vorgenommen. »Ich möchte spanisch lernen!« ist kein Ziel, sondern eine Absichtserklärung für eine Tätigkeit. Diese kann vielleicht irgendwann zum Ziel führen, falls man sich überhaupt eines gesteckt hat. Wenn Sie Ihr Ziel nur als Tätigkeit formulieren, werden Sie keinen exakten Zielpunkt erreichen. Meistens sind die als Tätigkeit formulierten

Ziele einem selbst noch nicht ganz klar, und man will sich nicht richtig festlegen.

Wenn wir bei dem Beispiel mit dem Spanisch lernen bleiben, wäre ein erster Zielpunkt (Teilziel) folgender: »Ich werde in sechs Wochen so gut Spanisch sprechen, dass ich in eine spanische Bodega gehen kann und die Speisekarte lesen und verstehen kann. Es wird mir dann gelingen, auf Spanisch zu bestellen, und ich werde auch das bekommen, was ich mir vorgestellt habe!«

Dies sind klare Bilder, die wir beim Durchlesen des Teilziels erhalten. Gleichzeitig ist dies die beste Kontrolle dafür, ob Ihr Ziel klar formuliert ist oder noch nicht.

Bitte formulieren Sie folgende allgemein gehaltene Aussagen in exakte Zieldefinitionen um. Stellen Sie sich jeweils eine konkrete Situation vor.

Ich möchte als Brautvater eine kurze Rede halten.

Ich möchte meinen Chef von einer Gehaltserhöhung überzeugen.

Ich möchte in unserem Verein zur Entscheidung des diesjährigen Reiseziels beitragen.

Ich möchte die Kunden von den Vorteilen unseres Produktes überzeugen.

Formulieren Sie nun selbst einige eigene Beispiele zur weiteren Übung.

Der Weg ist das Ziel

Damit Sie Ihre Fernziele besser im Auge behalten können, sollten Sie diese in kleine, erreichbare Teilziele unterteilen, um sie leichter zu erreichen. So wollte beispielsweise ein Seminarteilnehmer die anderen Teilnehmer davon überzeugen, dass mindestens einer mit ihm gemeinsam beim Marathon in Berlin mitläuft. Sein ganzer Vortrag war faszinierend aufgebaut. Noch nie habe ich so viel Lust gehabt, bei einem Marathonlauf mitzumachen. Alle Zuhörer hingen gebannt an seinen Lippen, bis er einen Schritt machte, der für die unerfahrenen Läufer viel zu groß war. Er beendete seinen Vortrag mit dem Appell, dass wir uns nun für den Lauf in Berlin, der in fünf Monaten stattfindet, eintragen können. Die Zuhörer hatten das Gefühl, dass sie das nicht schaffen könnten und keiner wollte unterschreiben.

Beim zweiten Versuch veränderte er nur das Ende seines Vortrages. Er animierte uns, uns doch nächste Woche einmal ganz unverbindlich beim lockeren Laufen im Wald zu treffen. Von zwölf Teilnehmern verabredeten sich spontan sieben zum Probelauf. Das Endziel ist sicherlich das gleiche geblieben, jedoch beim zweiten Versuch erschien es für alle leichter erreichbar, und dies führte zur Handlung. Natürlich war es sehr wichtig, dass die Endvision im Verlauf des Vortrages aufgezeigt wurde.

In drei Sätzen

Wenn Sie in der Lage sind, Ihre Hauptbotschaft in drei Sätzen zu sagen, so dürften Sie die notwendige Klarheit haben. Überprüfen Sie dies anhand von Themen, die Ihnen bekannt sind.

Hier einige Übungsbeispiele:

Beschreiben Sie Ihren Arbeitsbereich in drei Sätzen für ein fachfremdes Publikum.

Erklären Sie die momentane wirtschaftliche Situation von Deutschland in drei Sätzen.

Beschreiben Sie in drei Sätzen Ihr Hobby und dessen Besonderheiten.

Welche Inhalte möchte ich darstellen?

Der wichtigste Punkt bei der Auswahl der Inhalte für Ihren Vortrag ist, dass Sie nur die Inhalte präsentieren, die genau für diese Zielgruppe von Bedeutung sind. Oftmals überladen Redner ihren Vortrag mit Detailinformationen, welche die Zuhörer eher langweilen und die sie zudem den Faden verlieren lassen.

Folgende Vorgehensweise hat sich bewährt:

- Sammeln Sie zunächst alles zum Thema! (Aktuelles, Originelles, Beispiele, Cartoons etc.)
- Wählen Sie die wichtigsten Punkte aus. (Nur das Notwendigste für diese Zielgruppe verwenden)
- Gliedern Sie diese Inhalte. (bekannt – unbekannt, einfach – schwierig, allgemein – besonders)
- Prüfen Sie, was Sie weglassen können. (Beachten Sie den Grundsatz: So viel wie nötig, so wenig wie möglich!)
- Bereiten Sie sich auf mögliche Fragen vor.

Gedankliche Planung des Hauptteils

Für die gedankliche Planung des Hauptteils bieten sich mehrere Methoden an. Die übliche Vorgehensweise ist das Schreiben eines Redekonzepts, bei dem Sie alle Inhalte untereinander schreiben und diese später in Stichwörter umwandeln. Sie können das Konzept entweder gleich in Form von Stichwörtern oder zuerst als Text niederschreiben und dann Stichwörter daraus bilden. Es ist empfehlenswert, einen Computer hierfür zu benutzen, da Sie Korrekturen leichter vornehmen können. In dem Kapitel »Stichwortzettel« finden Sie dann ein Beispiel für die Umwandlung eines Redetextes in Stichwörter.

Zwei weitere Methoden bieten sich an, um einen Vortrag vorzubereiten. Beide Methoden haben sich in der Praxis bewährt und sind einfach durchzuführen.

Für die erste Planung können Sie ein **Mindmap** (nach Tony Buzan) verwenden. Ein Mindmap ist eine strukturierte Aufzeichnung, die wie ein Baum, von oben betrachtet, geordnet ist. Durch ein Mindmap können Sie Ihre ungeordneten Gedanken frei fließen lassen, aufschreiben und dabei gleich ordnen.

In die Mitte des Mindmaps wird das Thema geschrieben und auf die angrenzenden »Hauptäste« die Hauptbereiche Ihres Vortrages. Auf die »Zweige« werden dann die Unterkapitel eingetragen. Zur Verdeutlichung finden Sie nachfolgend ein Mindmap eines Vortrages zum Thema: »Gedächtnistraining«.

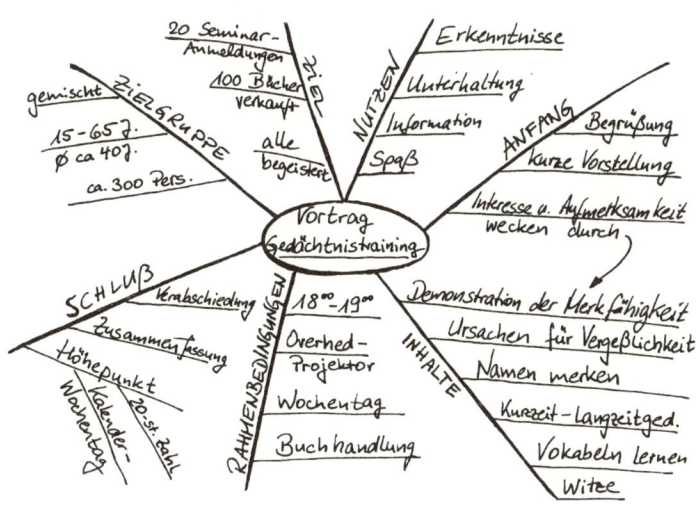

Erstellen Sie nun Ihr eigenes Mindmap zu einem beliebigen Thema. Eine Kopiervorlage finden Sie am Ende des Buches auf Seite 177.

Eine weitere Möglichkeit, Ihren Vortrag zu planen, gibt es mit der **Karteikartenmethode.** Diese Methode rentiert sich meist erst bei längeren Vorträgen, Präsentationen oder zur Vorbereitung von Seminaren und Schulungen. Nehmen Sie Karteikarten, am besten in der Größe DIN A7. Auf diese Karten schreiben Sie alle Stichwörter, die für Ihren Vortrag von Bedeutung sind. Sie können auch manche Stichwörter dadurch hervorheben, dass Sie verschiedenfarbige Karten verwenden.

Die Karten werden zunächst beschrieben und anschließend in eine sinnvolle Reihenfolge gebracht. Sie können dann entweder direkt als Stichwortzettel verwendet werden oder als Vorlage dienen.

INFO

Mitarbeitermotivation

Vergangenheit Erlebnisse Probleme	*Zukunft Risiken Pläne*	*Alternativen*
Sicherung der Arbeitsplätze	*Verantwortung*	*Alle gemeinsam*
Konkurrenz Beispiel A	*Dank an Mitarbeiter*	*Schwankungen in der Auftragslage*
Abhängigkeit von Umständen	*Motivations- modelle*	*Appell am Schluss*
Begrüßung	*Liste zum Eintragen auslegen*	*Incentives*

Wie möchte ich die Inhalte darstellen?

Bei einem Vortrag steht Ihnen eine ganze Palette von Methoden zur Verfügung, den Zuhörern Ihre Inhalte zu präsentieren. Je kreativer Sie in der Auswahl der Methode sind, umso abwechslungsreicher wirkt es für Ihre Zuhörer. Am wichtigsten dabei ist, dass Sie mit Ihren Zuhörern in einen Dialog treten, anstatt nur ein Programm abzuspulen.

Stellen Sie sich folgende Fragen:

● Wie möchte ich die Inhalte darstellen?
● Soll es ein Vortrag sein oder nur ein Kurzvortrag?
● Baue ich eine Demonstration oder ein Experiment ein?
● Erlangen die Zuhörer mehr Verständnis durch Übungen?
● Beantworte ich Fragen direkt oder erst anschließend in einer Diskussionsrunde?

Wie möchte ich mich verständlich machen?

Wenn Sie den Anspruch erheben, dass Ihre Inhalte auch verstanden werden sollen, können Sie dies den Zuhörern durch den Einsatz von Medien erleichtern. Mit dem Einsatz dieser Medien spricht man dann von einer Präsentation und nicht mehr von einem Vortrag.

Welche Medien möchte ich zur Unterstützung einsetzen? Overhead-Folien (nur so viele Folien einsetzen, wie wirklich notwendig sind), Flipcharts, Produktblätter, Infoblätter, Demonstrationen, Demonstrationsmaterial, Multimedia-Effekte, Videos, Dias, Fotos, Poster, Zeichnungen, Pläne usw. Wenn Sie verschiedene Medien gezielt einsetzen, sorgt dies für Abwechslung.

Zusammenfassung: Die Vorüberlegungen

Nehmen Sie die folgenden Fragen als Sammlung, von denen Sie jeweils nur die beantworten, die für Ihren Vortrag wichtig sind.

Anlass
- Wer oder was veranlasste den Vortrag?
- Worum geht es?

Rahmenbedingungen
- Was bietet der Raum für Möglichkeiten bzw. Einschränkungen?
- Wie viel Zeit habe ich zur Verfügung?
- Was ist bei der Uhrzeit zu beachten? (Nach dem Mittagessen sind Zuhörer zum Beispiel manchmal etwas müder als morgens.)
- Was passiert vor meinem Vortrag? Was danach?

Zielgruppe
- Wie wurden die Zuhörer eingeladen?
- Kommen die Zuhörer freiwillig oder müssen sie?
- Welche Erwartungen haben die Zuhörer?
- Welche Vorerfahrungen, welches Vorwissen haben die Zuhörer?
- Wie stehen die Zuhörer zum Thema? (Ängste, Hemmungen)
- Welche Position haben die Zuhörer? (Kunden, Vorgesetzte, Kollegen)

Nutzen
- Was bringt es den Zuhörern konkret, diesen Vortrag zu hören?
- Wo können die Zuhörer diese Informationen verwenden?
- Was ist für die Zuhörer am wichtigsten?
- Was ist unwichtig für diese Zielgruppe? Was kann ich weglassen?

Ziel
- Wie lautet mein Ziel konkret als Zustand formuliert?
- Was soll nach dem Vortrag eingetroffen sein?
- Erreiche ich nur Teilziele durch diesen Vortrag? Wenn ja, welche?

Thema
- Was gibt es Aktuelles zum Thema?
- Was sind die wichtigsten Punkte? (Nur das Notwendigste für diese Zielgruppe heraussuchen!)
- Was kann ich weglassen?
- Wie gliedere ich diese Inhalte am besten? (bekannt – unbekannt, einfach – schwierig, allgemein – speziell)
- Welche Fragen könnten gestellt werden?

Darstellung
- Wie möchte ich die Inhalte darstellen? (Vortrag, Kurzvortrag, Demonstration, Experiment, Übungen, Fragen und Antworten, Diskussion)

Medien
- Welche Medien möchte ich zur Unterstützung einsetzen? (Overhead-Folien, Flipcharts, Produktblätter, Infoblätter, Demonstrationen, Demonstrationsmaterial, Multimedia-Effekte, Videos, Dias, Fotos, Poster, Zeichnungen, Pläne)

Kapitel 3
Inhaltlicher Aufbau

»Wenn du ein Schiff bauen willst, so trommle nicht die Männer zusammen, um Holz zu beschaffen und Werkzeuge vorzubereiten oder die Arbeit einzuteilen und Aufgaben zu vergeben – sondern lehre die Männer die Sehnsucht nach dem endlos weiten Meer.« *(Antoine de Saint-Exupéry)*

Zeigen Sie die Vision auf

Was bedeutet dieses Zitat für Ihren Vortrag? Überlegen Sie einmal, wenn Sie beispielsweise ein Haus bauen wollen und nie eine Vision vom fertigen Haus hätten, würden Sie sich wahrscheinlich relativ schnell in die Arbeit vertiefen und das Ziel aus den Augen verlieren. Gleiches gilt für ein neues Produkt oder ein neues Verfahren. Die Klarheit Ihrer Vision ist ausschlaggebend für den Erfolg. Am besten formulieren Sie diese Vision schriftlich. Dies ist vor allem sinnvoll bei Umorganisationen, Konzeptionen und Bereichen, wo dies häufig nicht geschieht.

Anfang und Ende genauer planen

Wenn Sie Ihren Vortrag vorbereiten, sollten Sie darauf achten, dass zumindest zwei Bereiche für den Zuhörer von großem Interesse sind. Achten Sie unbedingt auf einen gelungenen Anfang und Abschluss Ihres Vortrages!

Denken Sie daran: Sie haben keine zweite Chance für den ersten Eindruck! Bereits in den ersten Minuten festigt sich der erste Eindruck Ihrer Person. Die Zuhörer legen unbewusst fest, mit welcher inneren Einstellung sie den weiteren Vortrag verfolgen. Nach einem gelungenen Anfang sinkt zudem das Lampenfieber des Redners meist sehr schnell.

Am Anfang und Ende sollten Sie darauf achten, dass Ihnen keine groben Fehler unterlaufen. Daher sollten Sie beides genauer planen.

Tipps für den Anfang Ihres Vortrages

Fragen Sie sich: Wo kann ich meine Zuhörer gut abholen? Gehen Sie ein auf: Vorwissen, Erfahrungen, Erwartungen, Einstellungen, Interessen!

Kein Vortrag sollte ohne eine Anwärmphase, Vorspann oder einen Einstieg erfolgen. Wie bereits beschrieben, ist hier die Anspannung in der Regel am größten. Dies gilt für beide Seiten: Die Zuhörer machen sich den ersten Eindruck vom Vortragenden und vom Inhalt, und der Redner tritt in ersten Kontakt zu seinem Publikum.

Sie haben keine zweite Chance für den ersten Eindruck

Der Einstieg, den Sie wählen, muss auf jeden Fall zu Ihnen als Referent und zu der jeweiligen Situation passen. Dies ist ungeheuer wichtig. Ein gut gemeinter Einstieg kann sonst genau das Gegenteil bewirken. Drei Punkte sollten Sie daher immer berücksichtigen: Am Anfang schaffen Sie den *persönlichen Kontakt* zu Ihren Zuhörern, wecken *Interesse und Aufmerksamkeit* und geben den Zuhörern eine erste *Orientierung*.

Nachfolgend einige Vorschläge für einen gelungenen Anfang.

Begrüßen Sie Ihre Zuhörer freundlich

Die Begrüßung sollte der Situation und dem Zuhörerkreis angepasst sein. Wenn Sie einen Vortrag vor Kollegen halten, mit denen Sie sonst per »du« sind, so machen Sie bitte keine formale, unpersönliche Begrüßung, sondern reden Sie so, wie Sie immer mit Ihren Kollegen sprechen. Wenn nur eine Frau im Zuhörerkreis sitzt, so ist es üblich, diese zuerst zu begrüßen und dann erst die anderen Zuhörer. (»Frau Müller, sehr geehrte Herren, herzlich willkommen zu unserer Informationsveranstaltung zu dem Projekt »Sinus« in Hamburg!«)

Weiterhin ist es üblich, besondere Persönlichkeiten zuerst und mit Ihrem Titel zu begrüßen (»Sehr geehrter Herr Bürgermeister Schneider, sehr geehrte Damen und Herren«). Vermeiden Sie aber die Aufzählung von mehr als drei Persönlichkeiten. Auch wenn es diese Personen ehrt, so langweilt es den Rest des Publikums doch ziemlich, vor allem wenn Sie jeden einzeln bitten, aufzustehen und seinen Applaus zu empfangen. In einer solchen Situation ist es für die Mehrheit Ihres Publikums am angenehmsten, wenn Sie eine einfache Begrüßung, wie zum Beispiel »Sehr geehrte Damen und Herren!«, wählen.

Wenn diese für das gesamte Publikum wichtige Personen sind, so ist dies natürlich anders. Auch hier kommt es wieder auf den Nutzen für die Zuhörer an.

Fragen Sie nach den Erwartungen der Zuhörer

Einstieg
(maximal zehn Prozent der Redezeit)

Ziel des Einstiegs:

- Kontakt schaffen,
  Sympathie aufbauen,
- Aufmerksamkeit
  und Interesse wecken,
- Orientierung geben.

Die Erwartungen der Zuhörer sollten Sie auf jeden Fall vor dem Vortrag abfragen, wenn Sie dazu die Möglichkeit haben. Sie können sich dann viel besser vorbereiten, wenn Sie deren Vorstellungen genauer kennen.

Sollten Sie dagegen erst am Anfang Ihres Vortrages nach den Erwartungen fragen, kann dies natürlich Ihr gesamtes Konzept durcheinander bringen. Dann müssen Sie flexibel reagieren und sich schnell auf Ihr Publikum einstellen. Von Vorteil ist dann natürlich, dass Sie gleich am Anfang merken, wenn Sie am Publikum vorbeireden würden. Treffen Sie dagegen genau die Erwartungen und thematischen Wünsche der Zuhörer, so werden Sie auf jeden Fall mehr Aufmerksamkeit erhalten.

Nennen Sie die Gliederung, den zeitlichen Ablauf und Ihr Ziel

Diese Vorgehensweise ist empfehlenswert, um Ihren Zuhörern eine Orientierung zu geben. Manche Zuhörer werden ganz unruhig, wenn sie beispielweise bei längeren Veranstaltungen nicht wissen, wann die Pausenzeiten eingeplant sind. Es ist empfehlenswert, diese Informationen auch visuell auf einem Plakat oder einer Folie darzustellen.

Nennen Sie zu Beginn Ihres Vortrages Ihr Ziel. Sie können dann am Ende Ihres Vortrages den Bogen zum Anfang schließen, indem Sie daran erinnern, wie das Ziel zu Beginn Ihres Vortrages lautete.

Stellen Sie Ihr Unternehmen und sich selbst vor

Diese Vorstellung dient vor allem dazu, dass die Zuhörer Sie als kompetent ansehen. Sagen Sie aber nicht, dass Sie kompetent sind, sondern lassen Sie es geschickt dadurch anklingen, indem Sie beispielsweise über Ihre Erfahrung aus ähnlichen Projekten berichten.

Vermeiden Sie abgenutzte Standardsätze

Immer wieder höre ich in Vorträgen zum Beispiel den Begrüßungssatz »Es freut mich, dass Sie so zahlreich erschienen sind!« Ich habe aber Fälle erlebt, da wurden 100 Personen eingeladen, dann sitzen in einem Raum, der mit 60 Stühlen bestuhlt ist, gerade mal 20 Personen. Dann passt dieser Satz natürlich überhaupt nicht. Er ist eher peinlich.

Erzählen Sie die Vorgeschichte zur Rede

Manchmal bietet es sich an, über die Vorgeschichte zur Rede bzw. zum Vortrag zu sprechen. Es ist dann sinnvoll, wenn sich die Zuhörer fragen, warum oder wie der Vortrag zustande gekommen ist.

Zeigen Sie zu Beginn eine Demonstration

Eine Demonstration bietet sich vor allem an, wenn Sie komplizierte technische Geräte präsentieren möchten. Eine Firma, die Schulungen über technische Produkte durchführt, erklärte früher immer zuerst den theoretischen Hintergrund und ging mit den Seminarteilnehmern erst am Ende der Schulung in die Maschinenhalle. Dies wurde umgestellt. Nach einer kurzen Begrüßung wird zuerst das jeweilige Produkt in Aktion gezeigt, und danach wird auf den Produktionsvorgang theoretisch eingegangen. So erhalten die Teilnehmer eine viel klarere Vorstellung von den Produkten.

Legen Sie eine nette oder eine witzige Folie auf

Beispielsweise startete ein Vertriebsleiter einer Firma, die Computerarchive verkauft, seinen Vortrag mit einer Folie, die eine Karikatur zeigte, in der eine Person in Papier- und Ordnerbergen erstickte. Die Zeichnung war grafisch nett dargestellt und passte gut zum Thema. Sie diente als Einstimmung auf das Thema während der Begrüßungsphase. Vermeiden Sie aber peinliche Folien oder Witze, über die nur Sie selbst lachen können.

Greifen Sie ein aktuelles Ereignis auf

Wenn Sie die Möglichkeit haben, auf ein aktuelles Ereignis Bezug zu nehmen, das möglicherweise noch jedem bekannt ist, wirkt Ihr Einstieg professionell, spontan und auf diese Situation abgestimmt.

Nehmen Sie Bezug zum Vorredner

Wenn der Vorredner bereits ein Thema angesprochen hat, das Sie weiter vertiefen möchten, so können Sie dies als Einstieg verwenden. Dagegen sollten Sie es vermeiden, Ihren Vorredner bloßzustellen oder zu beschimpfen.

Versetzen Sie sich in die Rolle der Zuhörer und sagen etwas aus deren Sicht

Wenn die Zuhörer nicht ganz freiwillig zu diesem Vortrag kommen oder wenn Sie wissen, dass diese anderer Meinung sind, können Sie den Bann brechen, indem Sie etwas aus deren Sicht sagen. («Wenn ich an Ihrer Stelle wäre, würde ich wahrscheinlich denken, …«) Diese Äußerungen gelten als ein Zeichen von Verständnis und Einfühlungsvermögen.

Nennen Sie ein Zitat oder ein Motto, das zum Thema passt

Ein Hersteller von Kopierern fing seinen Vortrag mit den Worten an: »Originale gibt es genug – wir beschäftigen uns mit den Kopien!« Erzwingen Sie dies aber nicht und versuchen Sie nicht, dadurch besonders weise zu klingen.

Tipps für das Ende Ihres Vortrages

Am Ende von Präsentationen, Seminaren und Vorträgen passiert es häufig, dass eine gelungene Vorstellung auf einmal wie im Sande verläuft. Ich habe schon interessante Vorträge erlebt, bei denen am Schluss der Redner gegen eine aufkommende Aufbruchstimmung kämpfen musste und sich kaum noch durchsetzen konnte. Viele Redner sind beim Finale Ihrer Rede froh, es bald geschafft zu haben. Geistig haben sie diese bereits beendet, und das Publikum spürt das prompt.

Dem sollten Sie entgegenwirken: So können Sie das Ende zu einem (kleinen) Höhepunkt gestalten. Sie sollten nach einer guten Rede auch nicht froh sein, dass es jetzt vorbei ist. Ich wiederhole gerne nochmals den Spruch, den Sie sich gut einprägen sollten:

> **»Der Anfang prägt – das Ende haftet!«**

Am Schluss legen Sie fest, welche nächsten Schritte erfolgen. Sie behalten bis zu guter Letzt das Ruder in der Hand. Denken Sie daran: Sie beenden die Veranstaltung! Sollte nach Ihrer Rede ein weiterer Teil folgen, so beenden Sie deutlich Ihren Part, um den Zuhörern eine Orientierung zu geben und einen Schlusspunkt zu markieren. Und noch etwas: Genießen Sie Ihren Applaus!

Geben Sie eine kurze Zusammenfassung, erwähnen Sie nochmals die wichtigsten Inhalte

Am Ende eines Vortrages sollten Sie noch einmal die wichtigsten Punkte Ihres Vortrages resümieren. Dies dient zum einen als Zusammenfassung, und zum Zweiten erleichtert dies den Zuhörern, die wichtigsten Inhalte im Kopf zu behalten. Begrenzen Sie diese Zusammenfassung bitte wirklich auf die wichtigsten Punkte. Fassen Sie sich kurz und knapp. Es dient nur dazu, die eingeprägten Inhalte nochmals in Erinnerung zu rufen, nicht als erneute Chance, noch einmal alles haarklein zu erklären.

Erzählen Sie die geplanten nächsten Schritte

Wenn Sie den Vortrag als Teil eines gesamten Projektes sehen, ist es sinnvoll, die nächsten Schritte konkret anzusprechen. Sagen Sie anstelle von: »Wir werden uns demnächst zusammensetzen!«, konkret: »Wir werden uns innerhalb der nächsten drei Wochen zusammensetzen!« Nennen Sie nach Möglichkeit, wann was wo stattfinden wird. Wenn Sie möchten, dass die Zuhörer aktiv werden, so sollte Ihr Appell klar und unmissverständlich sein. Beispielsweise: »Bitte schreiben Sie sich in die Liste ein, die ich jetzt herumgehen lasse.«

Leiten Sie gezielt die Diskussion ein und beenden Sie diese anschließend

Am Ende von vielen Vorträgen besteht die Möglichkeit, Fragen zu stellen. Oftmals verläuft die Fragerunde allerdings wesentlich chaotischer als der Vortrag.

Ich besuchte zum Beispiel eine Informationsveranstaltung einer Bank mit einem hochkarätigen Vortragenden, bei der der Schluss der Veranstaltung ganz konfus verlief. Der Diskussionsleiter hatte den Fehler gemacht, dass er nach den Fragen kein offizielles Schlusswort verkündete. Er verstrickte sich in Privatdiskussionen und musste am Ende mit der aufkommenden Unruhe im Saal kämpfen.

Sagen Sie daher zu Beginn der Fragerunde, wie viel Zeit für Fragen zur Verfügung steht, und kündigen Sie auch das Ende der Fragerunde rechtzeitig an. »Wir haben noch Zeit für drei Fragen! Wer hat noch eine Frage? (Handzeichen) Ok. Sie, Sie und Sie. Für weitere Fragen stehe ich gerne nach dem Vortrag noch zur Verfügung!«

Nach den Fragen und Antworten erfolgt das Schlusswort. Weitere Hinweise dazu finden Sie im Kapitel »Diskussionsrunde«.

Nennen Sie ein abschließendes Zitat, einen Spruch oder ein Motto, welches zum Thema passt

Ein Seminarteilnehmer beendete beispielsweise seinen Vortrag zum Thema Qualitätsmanagement mit folgendem Satz: »Und denken Sie immer daran, meine Damen und Herren, wir wollen, dass die Kunden zurückkommen und nicht die Produkte!« Vielleicht fällt Ihnen ja ebenso ein schöner Abschlusssatz zu Ihrem Thema ein.

Planen Sie Pufferzeit ein

Wenn Sie 30 Minuten Zeit für Ihren Vortrag haben, so planen Sie diesen für nur 25 Minuten. Bei einer Vortragszeit von einer Stunde sollten Sie zehn Minuten Pufferzeit einplanen.

Vor kurzem besuchte ich einen Vortrag über die wirtschaftliche Situation am Standort Deutschland. Der Vortragende überzog bei einer Stunde Vortragszeit ganze 15 Minuten. Der Vortrag war hochinteressant und der Redner sehr fachkundig. Dennoch haben die Zuhörer oft noch weitere Termine. So ereignete es sich, dass nach fünf Minuten Überziehungszeit Unruhe auftrat und nach zehn Minuten die ersten Personen den Saal verließen.

Leiten Sie zum nächsten Programmpunkt oder Redner über

Sollte nach Ihnen ein weiterer Redner folgen und es gibt keinen Moderator, der die Überleitung macht, so ist es ein Zeichen der Höflichkeit, den nachfolgenden Redner mit freundlichen, lobenden Worten (nicht zu übertreiben) anzukündigen.

Bedanken Sie sich bei Ihren Zuhörern für die Aufmerksamkeit

Am Ende haben Sie die Möglichkeit, sich für die Aufmerksamkeit zu bedanken. Nutzen Sie diese. Dabei sollten Sie aber beachten: Wenn das Publikum beispielsweise eher zurückhaltend war, dann bedanken Sie sich nicht für die rege Teilnahme. Bleiben Sie ehrlich, sonst leidet Ihre Glaubwürdigkeit.

Planen Sie nun sowohl den Anfang als auch das Ende eines Vortrages Ihrer Wahl

Anfang:

_____

_____

_____

_____

_____

_____

Ende:

_____

_____

_____

_____

_____

_____

Der 5-Satz

Der 5-Satz bietet sich an, um eine klare Struktur in Ihren Vortrag zu bringen. Der mittlere Kern des 5-Satzes besteht aus dem 3-Satz. Anfang und Schluss bleiben immer als Baustein bei dieser Technik bestehen. Sehen Sie diese Technik bitte nur als einen Vorschlag, der Klarheit in Ihren Vortrag bringen kann. Es ist kein Korsett, in das Sie sich jedes Mal hineinzwängen müssen. Die einzelnen Bausteine können Sie mehrmals hintereinander oder wechselseitig miteinander verbinden. Mehrere 5-Sätze können den gesamten Vortrag bilden. Hierzu einige Beispiele zur Verdeutlichung.

Ist – Ziel – Weg

Momentan liegt der Umsatz unseres Unternehmens bei 7 Mio. Euro. Unser Ziel ist, diesen innerhalb der nächsten zwölf Monate auf 7,5 Mio. Euro zu steigern. Wir möchten dies verwirklichen, indem wir einerseits günstigere Einkaufsmöglichkeiten eruieren und zum Zweiten noch mehr im amerikanischen Markt expandieren.

These – Antithese – Synthese

Es besteht die These, dass eine Reduzierung der Spitzengeschwindigkeit auf deutschen Autobahnen auf 100 km/h weniger Unfälle zur Folge hätte. Die Antithese ist, dass die Verkehrsteilnehmer durch die monotone Fahrweise schneller ermüden und dadurch mehr Unfälle passieren könnten. Bei Betrachtung beider Thesen ergibt sich die Synthese, darüber nachzudenken, ob eine Geschwindigkeit von 130 km/h sinnvoll ist. Außerdem sollten die unfallträchtigen Strecken nochmals genauer untersucht werden und gegebenenfalls mit weiteren Geschwindigkeitsbeschränkungen versehen werden.

Tatsache – Ursache – Folgerung

Tatsache ist, dass die Bundesrepublik Deutschland sich jedes Jahr höher verschuldet. Die Ursache liegt darin, dass es jedes Jahr eine Neuverschuldung gibt und mehr Geld ausgegeben als eingenommen wird. Wenn dieses System so weiter betrieben wird, ist irgendwann die Zinsbelastung höher als die gesamten Einnahmen. Dies hätte zur Folge, dass die Bundesrepublik pleite wäre.

Position A – Position B – Meinung

Die einen vertreten die Meinung, dass wir unsere Niederlassung in Leipzig schließen sollen, weil die Bilanz seit der Eröffnung vor zwei Jahren nur negative Zahlen aufweist. Andere schauen mehr auf die Statistik und weisen darauf hin, dass die Verluste kontinuierlich kleiner geworden sind. Ich bin der Meinung, dass wir eine Markteinschätzung für das nächste Jahr durchführen sollten, damit wir abschätzen können, wie unsere Entwicklung wahrscheinlich aussehen wird. Anhand dieser Grundlage können wir dann eine Entscheidung treffen.

Vision – Nachteile – Vorteile

Wir stellen uns vor, dass wir in einem Jahr unser Papierarchiv um zehn Prozent reduziert haben. Wir meinen damit nicht die alten Unterlagen, sondern die 40.000 neuen Belege, die jährlich anfallen. Durch ein neues Computerarchiv könnte dies realisiert werden. Die Nachteile liegen in der Umgewöhnung, den Installationskosten sowie der neuen Vorgehensweise bei der Suche. Als Vorteile gelten die deutliche Einsparung an Lagerkosten und ein wesentlich schnellerer Zugriff auf alte Dokumente.

Nachteile – Vorteile – Entschluss

Die Einführung eines Computerprogramms bedarf auf jeden Fall einer Gewöhnung an das neue Programm. Die Arbeitserleichterung, die jedem Mitarbeiter dadurch entsteht, ist allerdings so groß, dass bereits nach zwei Wochen eine deutliche Entlastung erkennbar wird.

Meinung – Begründung – Beispiele

Ich meine, dass die Firma X für die Erstellung unserer Internetseiten am besten geeignet ist. Ich gelange zu dieser Ansicht, weil die Mitarbeiter über langjährige Erfahrungen im Programmieren sowie im Bereich der grafischen Gestaltung verfügen. Beispielsweise hat die Firma ihr Können bei den Firmen Y und Z unter Beweis gestellt.

Anlass – Ziel – Appell

Der Grund für unser Treffen nächste Woche ist die Neustrukturierung des Vertriebes. Wir möchten erreichen, dass durch kürzere Fahrtzeiten eine bessere Kundenbetreuung und höhere Auslastung der Vertriebsmannschaft gewährleistet ist. Da wir bereits nächste Woche konkrete Möglichkeiten diskutieren möchten, bitte ich Sie, sich Gedanken zu machen und diese in schriftlich skizzierter Form zur Besprechung mitzubringen.

Vergangenheit – Gegenwart – Zukunft

In der Vergangenheit erfolgte unser Einkauf stets dezentral. Jeder Einzelne bestellte für sich die notwendigen Teile selbst. Es kam somit vor, dass mehrere Mitarbeiter bei ein und derselben Firma die gleichen Teile zu unterschiedlichen Konditionen bestellten. Heute koordinieren wir dagegen den Einkauf unserer Firma. So konnten wir erhebliche Summen sparen. In Zukunft sollen alle Standardteile zentral in München eingekauft werden. Dies wird unsere Preise stabilisieren, unseren Marktvorsprung festigen und damit die Arbeitsplätze sichern.

Übersicht: Der 5-Satz

Einleitung
Ist, These, Tatsache, Position A, Vision, Nachteile, Meinung, Anlass, Vergangenheit
Soll, Antithese, Ursache, Position B, Nachteile, Vorteile, Begründung, Ziel, Gegenwart
Weg, Synthese, Folgerung, Meinung, Vorteile, Entschluss, Beispiele, Appell, Zukunft
Schluss

Erstellung eines Manuskriptes

Bei der Erstellung eines Redemanuskriptes sollten Ihnen das Ziel und Ihre Hauptbotschaft stets klar sein. Wir gehen nun davon aus, dass alle Gedanken zur Vorbereitung abgeschlossen sind und Sie genau wissen, was Sie sagen wollen.

Sie können entweder ein wortwörtliches Manuskript anfertigen, in dem Sie alle Sätze Wort für Wort aufschreiben und teilweise auswendig lernen bzw. vom Blatt ablesen. Der Nachteil dieser Art von Manuskript besteht darin, dass es Sie sehr stark an den Text bindet. Es wirkt wenig lebendig und nicht frei. Ihre Spontaneität wird dabei eingeschränkt und Einfälle, die Ihnen zwischendurch kommen, werden eher als störend empfunden. Dabei sind Anekdoten oder zum Thema passende Einlagen oftmals das Salz in der Suppe. Klammern Sie sich also nach Möglichkeit nicht zu sehr an das Manuskript, sondern versuchen Sie, sich davon zu lösen.

Wenn Sie alles aufschreiben möchten, erleichtern Sie sich unbedingt das Ablesen: Nehmen Sie eine deutlich größere Schriftgröße als bei normalen Schriftsätzen, wählen Sie einen 1,5fachen Zeilenabstand. Sie benötigen dann zwar mehr Papier, aber dies ermöglicht Ihnen dafür das schnelle Ablesen sehr. Es ist außerdem empfehlenswert, alle Sätze vorne mit einer neuen Zeile zu beginnen und nach Absätzen eine Freizeile zu lassen.

Der folgende Text zeigt Ihnen eine Hochzeitsrede, aufbereitet im Sprechstil (kurze Sätze, klare natürliche Sprache, Pausen, ein Gedanke – ein Satz!):

INFO

Liebe Anna, lieber Oliver, liebe Hochzeitsgäste!

Wir alle sind heute hier zusammengekommen, um die Hochzeit von euch beiden zu feiern. Als Vater der Braut ist es üblich, eine Rede zu halten. Ich möchte diese Chance auch wahrnehmen, um euch einige Worte mit auf den Weg zu geben.

Es ist nun schon sieben Jahre her, da kam ein junger Mann auf einem Motorrad und holte unsere wohl behütete Tochter abends ab. Er sah in seiner Lederjacke und den Cowboystiefeln, die er damals trug, nicht gerade sehr bieder aus. Die Diskussion, ob sich unsere Tochter auf ein Motorrad hinten draufsetzen wird und mit 200 km/h über die Autobahn zischt, habe ich damals recht deutlich verloren. Ich hatte einfach keine Chance gegen einen so charmanten jungen Mann.

Umso froher bin ich, dass Oliver heute Auto statt Motorrad fährt. Außerdem hat er unsere Tochter immer wohl behütet nach Hause gebracht. Es war nicht nur das wohl behütete nach Hause bringen, sondern seine ganze Art, die ihn uns ans Herz wachsen lies. Wir sind sehr froh, dass ihr euch gefunden habt.

Als Vater musste ich auch das Loslassen lernen. In mehreren Schritten ist es mir nicht immer sehr leicht gefallen zu begreifen, dass ich nicht mehr der wichtigste Mann im Leben meiner Tochter bin. Ich dachte immer, dies würde nur anderen Vätern so gehen, aber ich selbst war sogar manchmal eifersüchtig auf Oliver. Nämlich dann, wenn sie uns pausenlos von ihm vorschwärmte.

Als du, Anna, dann ausgezogen bist hat sich das Leben von meiner Frau Anneliese und mir noch einmal verändert. Wir haben uns wieder mehr miteinander beschäftigt und eine noch tiefere Liebe gefunden. Heute wissen wir, dass wir nicht unsere Tochter verloren haben, sondern einen Sohn hinzugewonnen haben.

Ich wünsche euch, dass ihr euch auch später noch so liebt wie heute. Vor allem in Zeiten, wo es einmal schwierig wird und ihr den Partner in diesem Moment nicht so leiden könnt. Es wird vielleicht Störenfriede geben, die neidisch sind oder euch sogar gegeneinander ausspielen wollen. Auch diese Zeiten sollt ihr überstehen.
Ich wünsche euch beiden, dass ihr viele glückliche Stunden miteinander verbringt und immer aufrecht zueinander bleibt.

Und jetzt wollen wir alle auf euer Glück anstoßen. Erheben wir die Gläser!

Liebe Anna, lieber Oliver – auf euer Wohl!

Nachfolgend sehen Sie diese Beispielrede in Stichwörter umgewandelt. Es befinden sich nur Schlüsselwörter oder kurze Sätze auf dem Stichwortzettel. Das spart viel Zeit und Arbeit und erleichtert das Ablesen. Eine gute Voraussetzung ist, dass Sie die Bogensatz-Technik und die 3-A-Technik (s. Seite 74f. und Seite 87) beherrschen. Anfang und Ende werden zur Sicherheit wortwörtlich notiert.

Liebe Anna, lieber Oliver, liebe Hochzeitsgäste

Anlass Hochzeit von A. und O.
Vater – Rede halten

Vor 7 Jahren, Motorrad, Lederjacke
Diskussion
Wohl behütet – vertrauen – Herz gewachsen

Loslassen, anderer Mann statt Vater, Eifersucht
Auszug von A. – Sohn hinzugewonnen

Liebe auch in schlechten Zeiten

Gläser heben

Liebe Anna, lieber Oliver – auf euer Wohl

Der Stichwortzettel

Der Stichwortzettel wird so genannt, weil nur Stichwörter darauf geschrieben werden sollen. Viele schreiben dagegen bei der Vorbereitung einer Rede trotz des Vorsatzes, nur Stichwörter zu notieren, wieder ganze Sätze auf und kommen dann während der Rede aus dem Konzept.

Wenn Sie ganze Sätze aufgeschrieben haben, können Sie diese anschließend ganz leicht in Stichwörter umwandeln, indem Sie die wichtigsten Wörter unterstreichen und nur diese auf den Stichwortzettel übertragen. Empfehlenswert ist allerdings, gleich nur die wichtigen Stichwörter aufzuschreiben. Versuchen Sie nur diejenigen Wörter zu notieren, mit denen Sie beispielsweise eine Overhead-Folie beschriften würden. Die Stichwörter genügen als Auslöser für Ihr Wissen, das normalerweise gut eingeprägt ist. Durch die Stichwörter wird lediglich das Abrufen erleichtert, und es wird verhindert, dass Sie etwas vergessen könnten.

Als Stichwortzettel haben sich DIN A-5-Karteikarten durchgesetzt. Die Größe DIN A 5 ist handlicher und unauffälliger als DIN A-4-Blätter. Karteikarten haben den Vorteil, dass diese nicht so leicht knicken und gleichzeitig weniger Geräusche beim Bewegen von sich geben.

Reicht eine Karte nicht aus, dann beschreiben Sie mehrere Karten. Auf den Rückseiten der Karten bitte nichts vermerken, da dies den Blick der Zuhörer nur unnötig auf Ihre Notizen lenkt. Zur Sicherheit sollten Sie die Karten durchnummerieren, damit Ihr Vortrag nicht durcheinander gerät.

> Im Ausklang auf Seite 178 finden Sie ein Beispiel für die Einteilung eines Stichwortzettels. Kopieren Sie diese Seite und füllen Sie diese zur Übung zu einem beliebigen Thema aus.

Den Anfang und das Ende Ihres Vortrages sollten Sie wortwörtlich festhalten, denn an diesen Stellen ist die Aufregung und die Wahrscheinlichkeit, Fehler zu machen, am größten.

Freie Rede durch Gedächtnistraining

Die lebendigste Art, einen Vortrag zu halten, ist meist die freie Rede. Wenn Sie mit Folien arbeiten, brauchen Sie eigentlich keinen Stichwortzettel. Die Folien sollten ausreichen, um Ihr Wissen wieder abzurufen. Schwierige Übergänge können Sie vorher trainieren, damit Sie an diesen Stellen nicht stecken bleiben.

Natürlich gibt es auch noch die Möglichkeit, die Rede völlig auswendig zu lernen. Die Technik, die sich hier anbietet, ist die Mnemotechnik (Gedächtniskunst). Bei der Mnemotechnik werden die Informationen bildhaft vorgestellt und miteinander in Verbindung gebracht. Es werden die natürlichen Eigenschaften des Gedächtnisses genutzt.

Stellen Sie sich vor, Sie haben einen Brief geschrieben und auf Ihrem Schreibtisch aus Versehen liegen gelassen. Jetzt laufen Sie an einem Briefkasten vorbei, da fällt Ihnen wieder ein, dass der Brief noch auf dem Schreibtisch liegt. Der Briefkasten dient als Auslöser für eine eingeprägte Information. Wir können daraus die erste Regel für das Gedächtnis ableiten: **Auslöser verwenden!**

Wenn Sie eine Schulklasse auf der Straße sehen und nur ein Junge einen feuerroten Anorak anhat, so wird dieser Ihnen später wieder leichter einfallen als die anderen Kinder, wenn Sie an diese Schulklasse denken. Daraus ergibt sich die zweite Regel: **Besonderheiten prägen sich leichter ein!**

Stellen Sie sich vor, Sie gehen auf einen Rummelplatz und laufen die ganze Zeit herum, ohne ein Gerät zu fahren. Jetzt überredet Sie ein Bekannter und Sie setzen sich nach langer Zeit einmal wieder in eine Achterbahn. Es geht ganz turbulent hoch und runter. Sie sind völlig im Hier und Jetzt und Ihre Emotionen werden angeregt. An die Fahrt würden Sie sich später leichter erinnern als an den Rundgang vorher, obwohl die Fahrt nicht so lange gedauert hat wie der Rundgang. Daraus lassen sich die nächsten beiden Regeln ableiten: **Bewegung prägt sich tiefer ein als Stillstand! Emotionen bleiben besser haften!**

Regeln für ein erfolgreiches Einprägen von Informationen

Auslöser verwenden!
Besonderheiten prägen sich leichter ein!
Bewegung prägt sich tiefer ein als Stillstand!
Emotionen bleiben besser haften!

Wenn Sie diese Regeln bei Ihrem nächsten Vortrag beachten, werden Sie automatisch Ihre Zuhörer mehr mitreißen. Sie können diese Regeln aber auch zum Einprägen Ihrer Stichwörter für Ihren Vortrag verwenden. Um dies zu verdeutlichen, folgen nun zwei Beispiele. Die Stichwörter werden zu einer verrückten, lebendigen Geschichte zusammengefügt. Diese wiederholen Sie nur ein paar Mal, dann sitzen die Stichwörter fest in Ihrem Gedächtnis.

Die Beispiele verdeutlichen die Möglichkeit, durch das Aneinanderketten der wichtigsten Stichwörter ganze Vorträge auswendig vortragen zu können. Beide Beispiele haben sich in der Praxis bewährt. Die Methode heißt übrigens Kettenmethode und ist eine der grundlegenden Techniken der Gedächtniskunst (Mnemotechnik).

Rede eines Sohnes für seine Mutter zum 80. Geburtstag

Auslöser	Information	Merkgeschichte
Geburts-tagstorte	Auslöser für Rede.	Ich stelle mir eine Geburtstagstorte vor.
Kochlöffel	Kindheitserlebnis: Mit dem Kochlöffel den Hintern versohlt bekommen.	Ich schaue die Torte an, da sehe ich einen **Kochlöffel** darin stecken.
Schultüte	Mutter war ganz stolz. Die Schultüte war die größte, ich konnte sie kaum tragen.	Den Kochlöffel nehme ich und stecke ihn in die **Schultüte**.
Werbeplakat	Sie arbeitete als Modell, und ich erschrak, als ein Schulkamerad mir meine Mutter auf einem Werbe-plakat zeigte. Später war ich natürlich stolz.	Schultüte wird auf einem **Werbeplakat** abgebildet.
Wohnwagen	Trotz der vielen Arbeit ist immer genügend Zeit für uns Kinder gewesen. Am schönsten waren die Ur-laube im Wohnwagen.	Das Werbeplakat wird auf einen **Wohnwagen** geklebt.
Tänzer	Beeindruckt war ich, als Vater und du mit 63 noch einen Tanzkurs angefan-gen habt. Vielleicht ist dies das Rezept für deine Fitness bis heute.	Aus dem Wohnwagen kommen **Tänzer** heraus.
Wasserball	Letzte Woche hat Mutter mit ihrem Urenkel mit einem Wasserball Fußball gespielt.	Die Tänzer spielen mit einem **Wasserball**.
Glas Sekt	Auf dein Wohl. Auf viele Jahre Fußballspiel.	Der Wasserball rollt gegen ein **Glas Sekt** und wirft dieses um.

Nachfolgend ein Beispiel vom Verband Farbe-Gestaltung-Bautenschutz zur weiteren Verdeutlichung.

Auslöser	Information	Merkgeschichte
Megafon	Auslöser für Bekanntmachungen zum Thema PR-Aktivitäten des Jahres.	Sie haben ein Megafon in der Hand.
Tagungsraum	Maler- und Lackierertag in Wiesbaden.	Mit dem Megafon laufen Sie in den Tagungsraum.
Mappe	Kongressmappe zum Maler- und Lackierertag.	Alle Teilnehmer haben eine Mappe in der Hand.
Kinder	Nachwuchsbroschüre.	Die Mappe geben die Teilnehmer den Kindern.
Fest	Sommerfest des deutschen Handwerks.	Die Kinder gehen alle auf ein Fest.
Briefe	Presseaussendungen.	Auf dem Fest fliegen überall Briefe herum.
Konferenz	Pressekonferenz mit Bundesbildungsminister.	Die Briefe landen direkt auf einem Konferenztisch vor dem Bildungsminister.
T-Shirt	T-Shirt-Wettbewerb.	Der Bildungsminister zieht sein T-Shirt aus.
Geld	Sponsoring.	Das T-Shirt verkauft er für viel Geld.
Lackdose	Zusammenarbeit mit dem Lackverband.	Das Geld kommt zur Aufbewahrung in eine Lackdose.
Radio	Rundfunkwerbung.	Mit dem Lack aus der Lackdose wird ein Radio bemalt.

Wahrscheinlich ist diese Art, sich Stichwörter zu merken, für Sie neu und ungewöhnlich. Versuchen Sie es doch einfach einmal, Sie werden feststellen, dass es viel leichter geht, als Sie denken. Damit Sie sich Ihre Geschichte auch erfolgreich abspeichern können, hier einige Regeln:

Regeln für das erfolgreiche Einprägen mit der Kettenmethode:

- Immer nur zum nächsten Stichwort verbinden, keines überspringen,
- bildhafte Geschichte daraus machen,
- absurd, komisch und aktiv gestalten,
- lebendige, aktive Bilder verwenden.

Zusammenfassung: Die inhaltliche Gestaltung

Inhaltliche Gliederung

- Geben Sie zunächst einen Überblick und klären Sie dann die Details.
- Machen Sie das Ziel Ihrer Informationsvermittlung deutlich.
- Erklären Sie den Nutzen für den Empfänger Ihrer Information.
- Gehen Sie vom Einfachen zum Schwierigen, vom Bekannten zum Unbekannten, vom Allgemeinen zum Besonderen.
- Vereinbaren Sie die Vorgehensweise bei Fragen.
- Beschränken Sie sich auf das Wesentliche für die Zielgruppe, die gerade vor Ihnen sitzt.

Verständlicher Aufbau

- Überhäufen Sie Ihre Zuhörer nicht mit zu vielen Informationen.
- Wählen Sie die Reihenfolge Ihrer Informationen nach der Denkstruktur der Adressaten.

- Verwenden Sie den Wortschatz Ihrer Zielgruppe.
- Stellen Sie Beziehungen zur Erfahrungswelt, zu Alltags- sowie zu Berufssituationen her.
- Schaffen Sie zusätzliche Assoziationsmöglichkeiten durch Beispiele, Geschichten und Grafiken.
- Sprechen Sie möglichst viele Eingangskanäle (Sinnesorgane) an.
- Bauen Sie gezielt Wiederholungen in unterschiedlichen Darstellungen ein.

Persönliches Verhalten

- Sorgen Sie für eine positive Atmosphäre.
- Reagieren Sie ruhig und freundlich auf destruktive Einwände.
- Achten Sie darauf, dass Ihre Zuhörer Erfolgserlebnisse und Erkenntnisse haben.
- Treten Sie mit Ihren Zuhörern in einen Dialog, reden Sie nicht zu, sondern mit den Personen.
- Mögen Sie Ihr Publikum, auch wenn es nicht immer der gleichen Meinung ist.

Kapitel 4
Sprechtechnik und Sprechstil

Eine der Hauptvoraussetzungen für das Gelingen einer Rede ist, dass Sie sich als Redner vor der Gruppe wohl fühlen. Sie sollten die rhetorischen und kommunikativen Grundregeln im Schlaf beherrschen und die Medien, wie zum Beispiel einen Overhead-Projektor, nur als Mittel zum Zweck sehen.

Wenn durch ausreichend Übung der richtigen Sprechtechnik vor dem nächsten Vortrag mehr Freude als Angst aufkommt, so haben Sie bereits einen großen Schritt hinter sich gebracht.

Sprechen und richtig atmen

Die richtige Atemtechnik ist eine Grundvoraussetzung für das Sprechen. Wenn Sie außer Atem kommen, so liegt dies an einer falschen Atemtechnik. Atemtherapeuten und Psychologen sehen im Atem

sogar die grundlegende Handlung des Lebens, die das gesamte Leben der Person widerspiegelt.

Das Ausatmen wird mit der Fähigkeit, loszulassen und zu geben, verglichen. Das Einatmen wird mit dem Nehmenwollen in Verbindung gebracht. Wer also richtig nach Luft ziehen muss und beinahe vergisst einzuatmen, wäre in diesem Sinne jemand, der alles geben will, bis ihn sein Körper zur notwendigen Umkehr zwingt. Wer anfängt flach zu atmen, will am liebsten gar nicht vor die Gruppe treten und fühlt sich nicht entspannt. Er wäre lieber in einer ruhigeren Situation, wo er nicht so viel vor fremden Personen von sich geben müsste.

In dem Eifer des Vortrages vergessen manche Redner bisweilen, einfach ab und zu auch mal Luft zu holen. Sie gönnen weder sich noch dem Publikum eine Pause. Der beste Moment für eine Pause ist nach einem Punkt, bei dem Sie schriftlich einen Absatz machen würden.

Sie können sich dies antrainieren, indem Sie sich still und wortlos nach einem Satz die Wörter »Punkt – Pause« vorsagen. Viele denken, dass sie endlose Pausen gemacht haben. Es tritt jedoch fast nie der Fall ein, dass jemand zu lange Pausen macht. Meistens ist eher das Gegenteil der Fall. Die Pause erscheint in jedem Fall nur dem Vortragenden viel länger als den Zuhörern.

Visualisiert ergibt sich folgendes Bild:

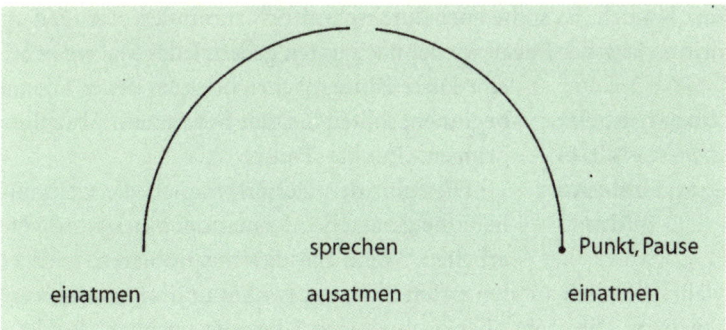

einatmen   sprechen / ausatmen   Punkt, Pause / einatmen

Wenn Sie einen langen Atem trainieren möchten, so versuchen Sie, vier Sekunden lang einzuatmen und dann zehn Sekunden auszuatmen. Anfangs fällt dies den meisten Personen schwer, weil sie zu viel Luft auf einmal ausatmen.

Wenn es Ihnen gelingt, gleichmäßiger und weniger auszuatmen, dann erhöhen Sie die Ausatemzeit auf 15, 20, 25 und dann auf 30 Sekunden. Verlängern Sie immer nur so weit, wie es Ihnen ohne Probleme möglich ist.

Bogensätze

Aufgrund der auf Seite 73 skizzierten Form kreierte Dr. Peter Heigl den Bogensatz. Die Betonung geht am Ende des Satzes nach unten und nicht nach oben. Nur wenn Sie den Satz mit der Stimme oben beenden, wartet jeder auf die Fortsetzung. Beenden Sie allerdings den Satz mit der Stimme unten, so ist jedem klar, dass jetzt eine kurze Pause kommt.

Der Bogensatz ist gleichzeitig das wirksamste Mittel gegen »Ähm« oder ähnliche Laute. Diese Füllsel kommen nur bei einer Unterbrechung mit gehobener Stimme. Wenn Sie darauf achten, werden Sie feststellen, dass Nachrichtensprecher diese Technik vorzüglich beherrschen.

Es muss nicht sein, dass es sich bei jedem Satz um einen Bogensatz handelt. Es sollte aber durchschnittlich zumindest nach jedem dritten Satz der Bogen wieder nach unten gehen. Jedes Mal wenn Sie eine kurze Pause machen oder ein neues Thema beginnen, sollten Sie den Bogen zum Abschluss bringen. (Punkt – Pause)

Der Bogensatz ist das beste Mittel gegen Fülllaute (»Ähm«)

Dies gibt den Zuhörern auch die Gelegenheit, die gesagten Informationen besser zu verarbeiten. Wenn Sie dies ausprobieren, wird es wahrscheinlich auf den ersten Blick ungewohnt und unnatürlich erscheinen. Dies geht aber nach einigen Übungen vorüber. (Punkt – Pause)

Wenn Sie am Ende eines Bogens die Stimme senken, einen Punkt und eine kleine Pause machen, können Sie ganz entspannt auf Ihren Stichwortzettel oder Ihre Folie schauen. So orientieren Sie sich, wie es weitergeht.

Denken Sie daran: Die Pausen sind die Würze in Ihrem Vortrag! Wenn Sie gute Redner beobachten, so werden Sie wahrscheinlich feststellen, dass diese über eine gute Pausentechnik verfügen. Seminarteilnehmer äußern des Öfteren die Befürchtung, dass die Zuhörer bei den Pausen unaufmerksam werden und hetzen deswegen durch ihren Vortrag. Natürlich sollen Sie keine zu langen Pausen

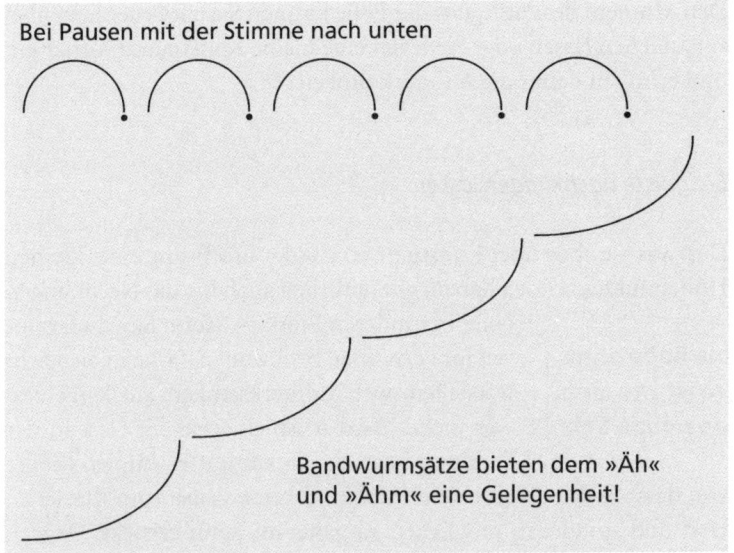

Bei Pausen mit der Stimme nach unten

Bandwurmsätze bieten dem »Äh«
und »Ähm« eine Gelegenheit!

einlegen, wo sich jeder fragt, ob jetzt Ihr Vortrag bereits zu Ende ist. Jedoch sind Pausen wirklich notwendig und sinnvoll. Probieren Sie es einfach aus.

Kunstpausen

Längere Kunstpausen können Sie einsetzen, wenn Sie etwas besonders hervorheben wollen. Egal, ob Sie die Ergebnisse der Jahresbilanz oder den ersten Preis eines Wettkampfes verkünden, eine kurze Kunstpause wird die Spannung steigern.

Dies könnte in der Praxis dann so aussehen: »… und der erste Preis geht an (Kunstpause von etwa zwei bis drei Sekunden) Susanne Schäfer!« Damit erzeugen Sie leichter Spannung, und der Applaus für dieselbe Leistung wird stärker ausfallen.

Selbst bei kleineren Gelegenheiten als bei einer Preisverleihung können Sie mit Kunstpausen spielen. Nehmen wir an, Sie möchten eine Folie zeigen, auf der die Lösung eines Problems erklärt wird.

Den Moment des Auflegens der Folie können Sie entweder nebenbei verstreichen lassen oder Sie legen eine kleine Kunstpause vorher ein und erhöhen damit die Aufmerksamkeit.

Ereignisse nachklingen lassen

Das, was Sie eben über Kunstpausen vor der Eröffnung eines kleinen Höhepunktes gelesen haben, gilt natürlich auch für das Nachklingen eines besonderen Punktes. Wenn Sie Moderatoren im Fernsehen beobachten, können Sie leicht feststellen, wer Aufmerksamkeit gut lenkt und wer nicht. Wird beispielsweise ein Gast in der Sendung begrüßt, so kommt es immer wieder vor, dass der Moderator dem Publikum keine Pause zum Klatschen lässt und somit den möglichen Applaus im Keim erstickt. Danach muss er vielleicht noch sagen: »Einen Applaus für meinen Gast!«

Eine Rede ohne Pause ist wie eine Suppe ohne Salz

Kurze einfache Sätze

Im Deutschunterricht in der Schule wird den Schülern beigebracht, nicht nur Hauptsätze beim Schreiben zu verwenden. Wir sollen eine abwechslungsreiche Satzstruktur wählen, die möglichst verschachtelt ist. Leider ist diese Technik für Reden denkbar ungeeignet.

Je länger Ihre Sätze sind, umso schwieriger fällt es den Zuhörern, die Aussagen zu erfassen und zu behalten. Es ist eine Kunst, in kurzen Sätzen zu reden. Zur Verdeutlichung hier ein Beispiel, welches Sie sich laut vorlesen sollten:

Die Tatsache, dass das Ultrakurzzeitgedächtnis wie ein Arbeitsspeicher funktioniert und nur eine begrenzte Aufnahmefähigkeit hat, wie ja durch einige Studien belegt wurde, hat zur Folge, dass Informationen in Sätzen mit einer Länge von mehr als acht Sekunden für den Zuhörer schwer zu erfassen sind.

Und jetzt lesen Sie bitte auch den Vergleichstext vor:

Studien haben bewiesen, dass das Ultrakurzzeitgedächtnis eine begrenzte Aufnahmefähigkeit hat. Die Folge davon ist, dass Inhalte von Sätzen über acht Sekunden Länge nur schwer erfasst werden können.

Auffällig ist zum einen, dass die Sätze kürzer sind, und zum Zweiten, dass die gesamte Information mit weniger Worten auskommt. Wir konzentrieren uns auf das Motto: Kurze Rede – tiefer Sinn.

Grundwortschatz verwenden

Immer wieder kommt es vor, dass Redner beweisen müssen, welche Fremdwörter Sie gelernt haben. Einige verwenden die Wörter unbewusst, weil sie zum täglichen Gebrauch der Personen zählen. Manche finden es schlichtweg banal, etwas in einer einfachen Sprache darzulegen. Es ist allerdings auf keinen Fall banal, sondern eine hohe Kunst, schwierige Inhalte so zu erklären, dass Personen ohne Vorwissen diese verstehen.

Einen klaren Gedanken können Sie ebenso klar ausdrücken. Sie können gerne sehr in die Tiefe gehen, aber in der Wortwahl so, dass die Zuhörer Ihnen folgen können.

Wenn jemand den Inhalt eines Vortrages nicht verstanden hat, so liegt dies entweder an der verwirrenden Gliederung oder an den verwendeten Wörtern. Jedes unverstandene oder falsch verstandene Wort verursacht beim Zuhörer eine Frage, mit der sich zumindest das Unterbewusstsein beschäftigt. Dadurch ist der Zuhörer nach dem Missverständnis für kurze Zeit nicht mehr in der Lage, seine volle Aufmerksamkeit dem Vortrag zu widmen.

Selbst komplexe Zusammenhänge kann man mit einfachen Worten beschreiben

Auffallend ist immer wieder die unterschiedliche Sprache von Kaufleuten und Technikern zu beobachten. Jeder redet in seiner

Sprache und achtet nicht darauf, ob der andere die verwendeten Wörter auch definieren kann.

Ein Beispiel: In einem Vortrag über den Euro verwendete der Redner vor einer gemischten Zielgruppe (keine Fachleute) ständig Abkürzungen und Fachwörter aus der Banksprache (LIBOR, Lombardsatz etc.) Interessant war, dass die Zuhörer nur anfangs fragten und irgendwann dieses aufgaben. In der Pause gingen dann die meisten, obwohl sie sich extra Zeit für den Vortrag genommen hatten.

Viele Fremdwörter ermüden und verwirren die Zuhörer

Bei einem anderen Vortrag redete jemand über den Kommunikationsmarkt, Internet und ISDN. Es war wirklich unglaublich, wie viele Fachausdrücke der Vortragende verwendete. Er erklärte noch nicht einmal, was ISDN überhaupt heißt. Obwohl viele potenzielle Kunden in der Zuhörerschaft saßen, stellte am Ende noch nicht einmal mehr ein einziger eine Frage.

Weniger Missverständnisse

Wenn die anderen immer verstehen, was Sie mit Ihren Worten ausdrücken, ist dies wunderbar. Manchmal wissen wir als Redner aber gar nicht, was die anderen nicht oder falsch verstanden haben. Mit den nachfolgenden Übungen können Sie herausfinden, ob es Ihnen leicht fällt, nur durch Worte etwas Kompliziertes zu beschreiben.

Diese und die folgende Übung sollten Sie mit zwei oder mehreren Personen durchführen. Sie beschreiben die geometrischen Figuren, und die anderen Personen sollen diese nach Ihren Worten aufzeichnen. Je mehr Personen zeichnen, umso schwieriger wird es. Vielleicht starten Sie zunächst einmal nur zu zweit. Sie sollten dabei nicht sehen können, was der andere zeichnet. Eine gute Variante dieser Übung ist, wenn Sie diese über das Telefon durchführen und dann per Fax kontrollieren.

Diktieren Sie bitte die folgende Figur:

Und? Wie hat es funktioniert? Falls der andere eine ähnliche Zeichnung vorliegen hat, können Sie beide stolz darauf sein. Gratulation.

Meistens klappt es nicht sofort. Wenn es nicht gut funktioniert hat, sind in der Regel beide dafür verantwortlich, dass die Information nicht richtig angekommen ist. Der Erklärer hat nicht korrekt erklärt und nicht darauf geachtet, ob seine Informationen wirklich angekommen sind. Der Zuhörer hat nicht genügend nachgefragt und überprüft, ob er die Anweisungen richtig verstanden hat.

Falls die Zeichnung gravierende Fehler aufweist, helfen Ihnen vielleicht folgende Tipps:

- Beschreiben Sie zuerst grob, wie die Figur am Ende in etwa aussehen wird.
- Nennen Sie die vorhandenen Formen. Rechteck, Dreieck, Kreis.
- Geben Sie Tipps für die Aufteilung des Blattes, der andere weiß ja nicht, was noch kommen wird. Nennen Sie die Größenverhältnisse, Maße etc.

● Sehen Sie das Spiel nicht als Monolog, sondern als Dialog, wo
der Zeichner auch nachfragen sollte.

● Lassen Sie sich die Figur am Ende vom Trainingspartner beschreiben und rechnen Sie mit Fehlern. Denken Sie nicht, dass
das schon automatisch stimmen wird, was der andere gezeichnet
hat.

Zum Üben hier noch eine weitere Figur mit einem etwas höheren
Schwierigkeitsgrad. Viel Spaß!

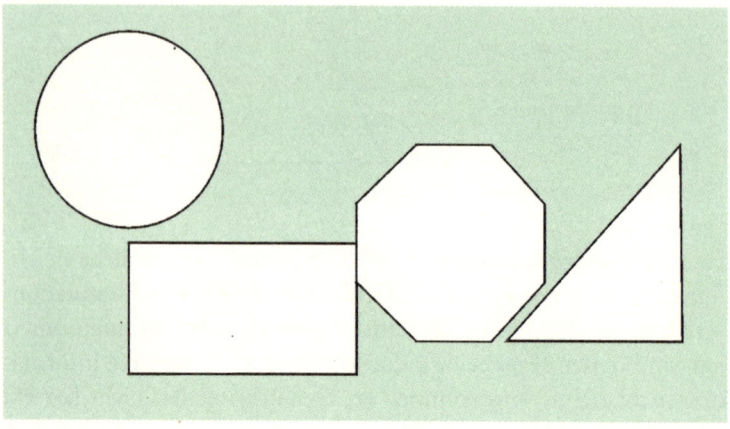

Weg des Verstehens

Die letzte Übung hat verdeutlicht, dass es einen Weg zwischen dem Sagen und Verstehen einer Information gibt. Immer wieder hört man bei dem Versuch, andere Menschen zu motivieren oder zu unterweisen, den Satz: »Aber ich habe es doch zweimal gesagt!«

Weg des Verstehens

gesagt	heißt noch nicht	**gehört**
gehört	heißt noch nicht	**verstanden**
verstanden	heißt noch nicht	**einverstanden**
einverstanden	heißt noch nicht	**angewendet**
angewendet	heißt noch nicht	**beibehalten**

Wenn Sie möchten, dass Ihre Informationen auch angewendet und beibehalten werden, sollten Sie also die Zwischenstufen nicht ignorieren. Wenn irgendetwas nicht so läuft, wie es sollte, können Sie die einzelnen Stufen als Analysestufen verwenden, um herauszufinden, woran es liegt. Nehmen wir an, Ihre Mitarbeiter kommen mit dem neuen Computerprogramm trotz einer Schulung nicht klar. Sie können nun die Mitarbeiter fragen, ob diese mit dem neuen Programm einverstanden sind, ob sie das Programm in der Schulung verstanden haben und ob sie es schon anwenden konnten.

Kontrollfragen
● Haben Sie es gehört?
● Was waren für Sie die wichtigsten Infos/Punkte?
● Sind Sie damit einverstanden?
● Haben Sie es angewendet? Was hält Sie ab?
● Haben Sie es beibehalten? Was war der Grund dafür, dass Sie damit wieder aufgehört haben?

Sprechtraining

Viele Redner sprechen zu schnell. Dies ist nicht generell problematisch, sondern hauptsächlich bei komplexen Informationen und schwierig auszusprechenden Wörtern. Mit den nachfolgenden Sätzen können Sie eine deutliche und langsame Aussprache bestens trainieren.

 Wenn Sie sich häufiger versprechen sollten Sie versuchen, etwas langsamer zu sprechen. Bei einer langsamen Sprechweise dürften keine Versprecher mehr zustande kommen.

- Fischers Fritze fischt frische Fische, frische Fische fischt Fischers Fritze.
- Der Whisky-Mixer mixt den Whisky mit dem Whisky-Mixer.
- Blaukraut bleibt Blaukraut, und Brautkleid bleibt Brautkleid.
- Zwischen zwei Zwetschgenzweigen saßen zwei zwitschernde Schwalben, zwitschernde Schwalben saßen zwischen zwei Zwetschgenzweigen.
- Im dichten Fichtendickicht nicken dicke Finken tüchtig, dicke Finken nicken im dichten Fichtendickicht tüchtig.
- Zwei zischende Schlangen schlichen zwischen zwei spitzen Steinen hindurch, zwischen zwei spitzen Steinen schlichen zwei zischende Schlangen hindurch.
- Der putzige Cottbusser Postkutscher putzt den Postkutschenkasten, den Postkutschenkasten putzt der putzige Cottbusser Postkutscher.
- Bald blüht breitblättriger Wegerich, breitblättriger Wegerich blüht bald.
- Esel essen Nesseln gern, Nesseln essen Esel gern.

Spannung erzeugen

Die richtige Spannung gehört bei einem Vortrag zum A und O. Die Spannung entsteht aus der Betonung, Gestik, Mimik sowie der Menge der Informationen pro Zeiteinheit.

Ob jemand in der Lage ist, spannende Vorträge zu halten, können Sie leicht beim Erzählen von Witzen feststellen. Viele Menschen erzählen nicht so gerne Witze, dabei könnten sie beim Witze erzählen alle für die Rhetorik wichtigen Bestandteile üben. Witze erzählen trainiert:

- Aufbau einer Spannungskurve,
- Anpassung an das Publikum,
- Herausarbeiten des Höhepunktes,
- Einschätzung der Zeit,
- klare Gliederung,
- alle wichtigen Inhalte nennen,
- Reduzierung auf das Wesentliche,
- Modulation,
- Betonung,
- Körpersprache,
- Gestik,
- Mimik etc.

Kennen Sie einen guten Witzeerzähler? Falls nicht, sollten Sie in Comedy-Sendungen welche beobachten. Achten Sie auf die oben genannten Faktoren und schauen Sie, wer eine gute Spannungskurve aufbaut und wer nicht.

> Nehmen Sie ein Witzbuch zur Hand und erzählen Sie einige Witze nach. Üben Sie diese immer wieder, bis Sie sicher sind, dass Sie mit dem Spannungsaufbau zufrieden sind.

Modulation

Die Modulation setzt sich aus folgenden Faktoren zusammen:

- Sprechgeschwindigkeit,
- Anzahl und Länge von Pausen,
- Stimmlage,
- Betonung,
- Lautstärke.

Vorträge werden stets dann als monoton empfunden, wenn mit diesen Faktoren nicht ausreichend gespielt wird. Veränderung bringt Lebendigkeit in Ihren Vortrag! Die Modulation können Sie durch verschiedene Übungen relativ leicht trainieren.

Eines der besten Mittel zum Training der Modulation ist das Singen von Liedern. Im Seminar sind immer wieder Teilnehmer, die ungern singen und von sich behaupten, dass sie nicht singen können. Gerade dann, wenn jemand der Meinung ist, er kann nicht oder nur sehr schlecht singen, wäre das Training für ihn von Vorteil.

Versuchen Sie am besten, jeden Morgen zu singen. Vielleicht erscheint Ihnen dies albern oder lächerlich, es ist aber sehr angenehm, morgens jeden Tag im Auto ein paar Minuten zu singen. Es ist dabei egal, ob dies eigene oder Lieder aus dem Radio sind. Wenn Sie eigene Lieder singen, können Sie auch Texte neu kreieren. Dies fördert gleichzeitig noch Ihre Kreativität. Falls es Ihnen zu peinlich ist, können Sie ja vielleicht einen ungestörteren Platz finden.

Die Idee zu dieser Übung kam mir, da mir in den Seminaren immer wieder auffiel, dass die anwesenden Hobbysänger sehr deutlich und mit einer angenehmen Modulation vortrugen.

Eine andere Möglichkeit, Ihre Modulation zu trainieren, sind Gedichte. Nachfolgend finden Sie ein Gedicht, das Sie als Übung verwenden können.

Achten Sie bitte beim Vortragen des Gedichtes darauf, dass Sie die für die Modulation entscheidenden Faktoren möglichst abwechslungsreich einsetzen. Variieren Sie die Lautstärke, Geschwindigkeit, Betonung und die Höhe Ihrer Stimme und machen Sie unterschiedlich lange Pausen. Sie können natürlich auch verschiedene Versionen auf Tonband aufnehmen und sich dann den Unterschied anhören.

Sieg

Wie oft schon hörte ich Dich sagen,
Du würdest große Dinge wagen.
Wann wohl, glaubst Du, kommt der Tag,
da endet alle Müh und Plag,
da Du zu großen Taten schreitest
und da Du selbst Dein Schicksal leitest?

Und wieder ging ein Jahr vorbei,
doch nie warst Du, mein Freund dabei,
wenns galt, nun endlich zuzugreifen,
damit auch Deine Früchte reifen!

Woran es liegt? Erklär es nur!
Du hattest Pech? Ach, keine Spur!

Wie immer, einzig und allein
lag's nur an Dir, an Dir allein.
Schau auf Deine Hände bloß:
sie liegen still in Deinem Schoß,
statt endlich, endlich doch zu handeln
und alles in Dir umzuwandeln.

Frank Bettger

Blickkontakt

Der Blickkontakt ist ein weiteres wichtigstes Mittel, um einen gelungenen Vortrag zu halten. Am besten ist es, wenn Sie überhaupt kein Skript benötigen und frei zu Ihrem Publikum sprechen können. Je aktiver Ihr Blickkontakt mit den Zuhörern ist, umso mehr sind die Zuhörer mit der Aufmerksamkeit bei Ihnen.

Leider ist diese Fähigkeit bei vielen Rednern viel zu wenig trainiert worden, sodass selbst fachkundige Sprecher zu ihrem Skript und nicht zum Publikum sprechen. Ab und zu wird dann nach oben geschaut, um zu sehen, ob denn noch alle da sind.

Ein guter Blickkontakt wird Sie während eines Vortrages bestätigen oder auch bremsen. Intuitiv nehmen Sie nämlich die Stimmung im Publikum wahr und können darauf schneller reagieren.

Jetzt stellt sich noch die Frage, worin ein guter Blickkontakt besteht. Ein Blickkontakt wird von den meisten Zuschauern als gut empfunden, wenn niemand vernachlässigt wird und wenn der Blick zwischen einer und fünf Sekunden bei einem einzelnen Zuschauer verweilt. Das heißt, dass Sie von ganz links bis ganz rechts alle gleich oft anschauen und weder jemanden lange anstarren noch mit Ihrem Blick über die Zuschauer hetzen.

In manchen Büchern liest man den Tipp, den Leuten nicht in die Augen, sondern auf die Stirn zu schauen, damit Sie während des Vortrages nicht so leicht von den Zuschauern abgelenkt werden können. An einer schwierigen Stelle oder bei großem Lampenfieber halte ich dies für eine kurze Zeit für praktikabel, aber auf keinen Fall für eine längere Zeit.

Am Anfang eines Vortrages können Sie Ihr Lampenfieber dadurch reduzieren, dass Sie nur auf die freundlichen Gesichter achten. Nach und nach sollten Sie dann alle Zuhörer gleichermaßen anschauen.

Die 3-A-Technik

Man kann immer wieder bei Vorträgen oder Präsentationen sehen, wie der Vortragende nicht zum Publikum, sondern zu seinem Skript oder seiner Folie redet. Um dies zu vermeiden, wurde von Dr. Peter Heigl die 3-A-Technik entwickelt.

Die 3-A-Technik

Aufnehmen   **A**ufschauen   **A**ussprechen

Auch wenn Sie in der Praxis diese Vorgehensweise nicht immer einhalten können, so ist wichtig, dass Ihre Aufmerksamkeit beim Publikum und nicht beim Medium oder beim Skript ist.

Da der Blickkontakt zum Publikum einen so wichtigen Punkt in einem Vortrag darstellt, sollten Sie dies zu Hause üben.

Nehmen Sie sich einen Stichwortzettel und schreiben Sie Stichwörter zu einem Thema Ihrer Wahl auf. Jetzt bitten Sie jemanden darauf zu achten, dass Sie nur zu ihm sprechen dürfen und niemals zum Blatt. Jedes Mal wenn Sie zum Blatt sprechen, sagt er sofort stopp. Es ist natürlich klar, dass Sie bei Ihrem Vortrag auch einmal zum Blatt sprechen dürfen. Die Strenge ist bei dieser Übung deswegen sinnvoll, um Ihnen bewusst zu machen, wie oft wir zum Blatt, zur Wand oder zur Overhead-Folie sprechen und nicht zum Publikum.

Selbsterfüllende Prophezeiungen

An dieser Stelle möchte ich nochmals auf die Wirkung der selbsterfüllenden Prophezeiungen eingehen. Wahrscheinlich ist Ihnen im Verlauf dieses Kapitels die eine oder andere Eigenart in Ihrer Sprechtechnik oder Ihrem Sprechstil aufgefallen, die Sie ändern möchten.

Das Erkennen ist aber noch lange nicht die Gewähr dafür, dass Sie diese Eigenart ab sofort abstellen. Empfehlenswert ist, dass Sie sich zunächst selbst positiv programmieren. Hierfür eignen sich am besten positiv formulierte Sätze – in der Ich-Form und in der Gegenwart formuliert.

Wenn Sie beispielsweise der Meinung sind, dass Sie zu schnell sprechen, ist es sinnvoll, wenn Sie sich den Satz »Ich spreche langsam!« auf einen Zettel schreiben. Diesen Zettel sollten Sie so aufbewahren, dass Sie diesen jeden Tag mindestens einmal ansehen, um die selbsterfüllende Prophezeiung des langsamen Sprechens auch wahr werden zu lassen. Der Erfolg stellt sich meist nach einiger Zeit ein. Sie werden nach und nach nicht mehr so schnell sprechen.

Sollten Sie mehrere Eigenarten verändern wollen, ist es zweckmäßig, wenn Sie sich immer nur eine Aufgabe auf einmal stellen. Sie können beispielsweise das Motto der Woche daraus machen. Wenn Sie der Meinung sind, dass das Thema jetzt für Sie ausgereizt ist, wechseln Sie den Zettel mit der entsprechenden Programmierung.

Nachfolgend finden Sie einige Vorschläge aus den Seminaren, die die Teilnehmer öfter verwendet haben:

- Ich spreche langsam!
- Ich gönne mir Pausen!
- Ich mache kurze Sätze!
- Ich senke am Satzende meine Stimme!
- Ich rede gerne vor Gruppen!
- Ich bleibe ruhig und gelassen!
- Ich begeistere meine Zuhörer!
- Ich atme ruhig und tief!

Fragen zu Sprechtechnik und Sprechstil

Was war für Sie die größte Erkenntnis in diesem Kapitel?

Was versteht man unter der 3-A-Technik?

Was ist die wirksamste Methode gegen das »Ähm«?

Welche Faktoren bestimmen die Modulation?

Wie können Sie Ihre Modulation trainieren?

Welches sind die Schritte des Verstehens?

Kapitel 5: Formulieren Sie geschickt

Sprechen Sie aktiv

Möchten Sie Ihre Zuhörer aktivieren? Falls ja, sprechen Sie in aktiven Sätzen mit ihnen und nicht zu ihnen oder über sie. Im Seminar erlebe ich es oft, dass Redner in passiven Formulierungen nicht den Bezug zum Publikum suchen. Hier können Sie eine kleine Veränderung mit großer Wirkung durchführen. Probieren Sie es aus.

Passive Formulierung	Aktive Formulierung
Das Programm kann von der Firma X nicht durchgeführt werden.	Die Firma X kann das Programm nicht durchführen.
Der Zeitplan kann von mir in dieser Form nicht eingehalten werden.	Ich kann den Zeitplan in dieser Form nicht einhalten.
Die Produkte werden termingerecht abgeliefert.	Ich werde die Produkte termingerecht abliefern.
Die Aufgabe kann von dem Mitarbeiter Schmidt so nicht ausgeführt werden, da er die nötige Erfahrung nicht hat.	Herr Schmidt hat die nötige Erfahrung für diese Aufgabe nicht.
Der Termin für die Verabredung kann heute leider von mir nicht eingehalten werden.	Ich komme heute zu unserer Verabredung etwas später.

Formulieren Sie zur Übung folgende Sätze um:

Die Ausführung dieser Aufgabe wurde uns übertragen.

Bedingt durch die erst spät einsetzenden Maßnahmen konnte die Firma nicht vor dem Konkurs gerettet werden.

Die Verantwortung zur Erstellung der Konzeption wurde uns übertragen.

Der Termin wurde von Herrn Schmidt verschleppt.

Nehmen Sie nun zur weiteren Übung passive Formulierungen aus einem Ihrer Vorträge und »aktivieren« Sie diese.

Verben statt Hauptwörter

Ein Texter einer Werbeagentur erklärte mir den Unterschied zwischen »kalten« und »warmen« Texten. Er verwendet einen roten und einen blauen Stift, um Texte zu analysieren. Auf einer Kopie unterstreicht er alle Verben mit dem roten Stift und alle Hauptwörter mit dem blauen Stift. Danach kann er leicht feststellen, ob der Text »warm« (rot) oder »kalt« (blau) ist. Er untersucht die Texte mit dieser Vorgehensweise, da in Untersuchungen festgestellt wurde, dass Texte mit Verben den Leser mehr ansprechen als Texte mit Hauptwörtern. Gleiches gilt für Vorträge und Reden. An den folgenden Beispielen können Sie leicht den Unterschied feststellen.

INFO

Viele Hauptwörter	Viele Verben
Nach Beendigung der Schule mit dem Abitur folgte ein Maschinenbaustudium an der Technischen Universität.	Nachdem ich die Schule mit dem Abitur beendet hatte, studierte ich Maschinenbau an der Technischen Universität.
Die Arbeit bereitet mir täglich Freude.	Ich freue mich jeden Tag auf die Arbeit.
Eine starke Umsatzsteigerung führte zur Prämienauszahlung bei den Mitarbeitern und dadurch zur Begeisterung dieser.	Die Mitarbeiter haben ihren Umsatz im letzten Jahr stark gesteigert. Dadurch erhielt jeder eine Prämie, was die Mitarbeiter sehr begeisterte.
Tanz und Gesang – die ganze Nacht.	Sie sangen und tanzten die ganze Nacht.

Formulieren Sie zur Übung folgende Sätze um:

Massive Probleme bei der Umsetzung der Theorie in die Praxis führte zu einer Heranziehung von weiteren Experten.

Die Durchsetzung der neuen Richtlinien war schwierig. Viele Gewohnheiten und eingetrampelte Pfade führten zur Verzögerung.

Politiker bewiesen im Wahlkampf ihre Fähigkeiten der Begeisterung, der freien Rede, des Mitreißens und der Schlagfertigkeit.

Nehmen Sie wieder einen Ihrer eigenen Vorträge und formulieren Sie Hauptwort-Sätze um, indem Sie viele Verben verwenden.

Mehr Sie – weniger ich

Sie können die Aufmerksamkeit der Zuhörer auch dadurch erhöhen, dass Sie diese direkt ansprechen. Wenn Sie sich angewöhnen, im »Sie« zu denken, werden Ihre Vorträge automatisch zuhörerorientiert. Die Gefahr, an der Zielgruppe vorbeizureden, verringert sich stark.

Selbstdarstellende Form	**Anbietende Form**
Ich gebe später noch eine Abschrift des Konzepts aus.	Sie erhalten später eine Abschrift des Konzepts.
Ich zeige hiermit das Ablaufdiagramm.	Sie sehen hier das Ablaufdiagramm.
Ich gebe nachher die exakten Daten zu diesem Produkt raus.	Nachher bekommen Sie die exakten Daten zu diesem Produkt.

Bei der **selbstdarstellenden Form** liegt die Aufmerksamkeit des Redners bei seiner eigenen Person. Alles dreht sich um ihn. Das Publikum ist nebensächlich. Unbewusste Fragen: Wie wirke ich? Wie lange muss ich noch? Wann bin ich fertig?

Bei der **anbietenden Form** liegt die Aufmerksamkeit des Redners beim Publikum. Unbewusste Fragen: Was hilft meinen Zuhörern? Was brauchen die für Infos? Was nützt dem Publikum? Was hilft ihnen weiter?

Formulieren Sie zur Übung folgende Sätze um:

Nachfolgend nenne ich Ihnen die Arbeitsschritte, die für die Bedienung der Maschine von Bedeutung sind.

Ich werde Ihnen nun die Folien im Einzelnen zeigen.

Später zeige ich Ihnen die anderen Zimmer der Wohnung.

Ich biete Ihnen mit dieser Versicherung das flexibelste Produkt, das zurzeit auf dem deutschen Markt zu bekommen ist.

Ich spreche nun den wichtigen zweiten Punkt an, der auf dem Tagesplan steht.

Zur weiteren Übung können Sie nun wieder entsprechende Passagen aus einem Ihrer Vorträge umformulieren.

Konkret statt verallgemeinernd

Es kommt immer wieder vor, dass Redner viel sagen und wenig ausdrücken. Nicht von ungefähr kommt das Sprichwort »Lange Rede – kurzer Sinn«. Sie können bei Ihren Vorträgen beweisen, dass es auch anders geht. Die Zuhörer werden es Ihnen danken. Es sind vor allem Verallgemeinerungen wie »immer« oder »nie«, die einen Redner unglaubwürdig machen. Meistens werden einzelne Situationen zu einem Regelwerk aufgeblasen. Auch wenn im Vertrieb ein Fehler dreimal passiert ist, ist dies noch lange kein Grund zu behaupten, es wäre immer so.

Ungenauer Ausdruck	Konkreter Ausdruck
Der Vertrieb macht nur noch Fehler. Um dies zu vermeiden …	In den letzten vier Monaten wurden drei Produkte falsch angepriesen. Zum einen war es … zum Zweiten … und drittens … Dies hatte zur Folge, dass wir 17.000 Euro weniger Gewinn hatten. Um dies zu vermeiden …
Man kann bei den Strukturen dieser Firma nichts verändern.	Wir haben bis jetzt zwei Mal versucht, die Struktur der Firma in den Bereichen Vertrieb und Buchhaltung zu verändern. Beide Vorschläge wurden von der Geschäftsleitung abgelehnt.
Die Firma XY hat sich nicht sehr kundenfreundlich verhalten.	Herr Schuele von der Firma XY hat am 14. September bei der Reklamation kein Verständnis dafür gehabt, dass ich eine Rechnung beanstandete, die weit über dem telefonischen Kostenvoranschlag lag. Die Liefermenge wurde ohne Rücksprache von zwei auf zehn Stück erhöht, weil die Verpackungsgröße dem entsprach.

Formulieren Sie zur Übung die nachfolgenden Sätze um:

Man kann keinem mehr trauen.

Im Fernsehen kommt nur noch Unsinn.

Die Geschäftsführung wird immer rücksichtsloser.

Die Mitarbeiter sind in letzter Zeit immer schlampiger geworden.

Formulieren Sie nun Passagen aus einem Ihrer Vorträge konkreter.

Vermeiden Sie Weichmacher

Weichmacher sind Wörter, die die getroffene Aussage wieder abschwächen. Der Konjunktiv ist so ein typischer Weichmacher. Wenn Sie unbewusst Weichmacher verwenden, so kann es Ihnen passieren, dass die Zuhörer Ihnen keinen Glauben schenken. Weichmacher untergraben sogar unbewusst die Kompetenz des Redners. Sie können Wörter wie »eigentlich« oder »ziemlich« natürlich auch in Zukunft verwenden. Gefährlich wird es nur, wenn Sie diese nicht bewusst einsetzen. Solche Wörter schleichen sich schnell in den Sprachgebrauch ein und schwächen dann ungewollt die eigenen Argumente ab.

Achten Sie bei Ihren nächsten Gesprächen darauf, ob andere Personen Weichmacher verwenden. Damit sensibilisieren Sie sich in diesem Punkt und können danach Ihre eigenen Weichmacher ins Visier nehmen.

Mit Weichmacher	Ohne Weichmacher
Das Essen hat ganz gut geschmeckt.	Das Essen hat gut geschmeckt.
Zunächst würde ich mich gerne vorstellen.	Zunächst stelle ich mich kurz vor.
Ich würde sagen …	Meine Meinung ist …
Der Umsatz war eigentlich zufrieden stellend.	Der Umsatz war zufrieden stellend.

Formulieren Sie zur Übung folgende Sätze um:

Eigentlich hat es mir sehr gut gefallen, wie Sie Ihr Publikum begeistert haben.

Die neue Abteilung macht einen ziemlich guten Job. Für die kurze Einarbeitungszeit sind die Ergebnisse doch recht überraschend.

Ich bin mit unserer Leistung bezüglich des Projektes in Köln recht zufrieden. Eigentlich hatte ich nicht gedacht, dass wir das in so kurzer Zeit schaffen werden.

Unterstreichen Sie nun die Weichmacher aus einem Ihrer Vorträge. Wenn Sie möchten, notieren Sie die neuen Formulierungen.

Sprechen Sie in Bildern

Das Gedächtnis speichert die Informationen hauptsächlich in Form von Bildern ab. Sie können dies nutzen, indem Sie Ihren Vortrag mit bildhaften Äußerungen schmücken. Bildhafte Vergleiche helfen den Zuschauern, sich einen besseren Eindruck zu verschaffen und sich die Informationen leichter einzuprägen. Dieses Mittel verwendet auch die Metapher.

Normale Sprache	Bildhafte Sprache
Wir haben sehr viele Anmeldungen.	Wir haben Anmeldungen wie Sand am Meer (oder konkrete Zahl nennen).
Er benahm sich sehr tölpelhaft.	Er benahm sich wie ein Elefant im Porzellanladen.
Mein Körper fühlt sich heute sehr schwer an.	Mein Körper fühlt sich an wie Blei.

Formulieren Sie zur Übung folgende Sätze um:

Wir haben unseren Umsatz in letzter Zeit sehr gesteigert.

Das Haus hat sehr viele Fenster.

Er ist ein sehr starker, großer Mann. Er macht einen mächtigen Eindruck.

Das Bücherregal ist überladen.

Der Himmel war sehr trüb und dunkel.

Nehmen Sie einen Ihrer Vorträge, notieren Sie Sätze in normaler Sprache und formulieren Sie diese anschließend um. Sie werden sehen, diese Übung macht Spaß. Gleichzeitig verbessern Sie Ihre Ausdrucksweise.

Ich- und Du-Botschaften

Eine Chance zur Verbesserung der Kommunikation liegt auch in der Wahl zwischen Ich- und Du-Botschaften. Nachrichten mit hohem Selbstoffenbarungsanteil werden Ich-Botschaften genannt. Durch die Ich-Botschaft gibt man etwas von dem eigenen Innenleben preis.

Gerade dann, wenn Sie negative Informationen zu verkünden haben oder persönlich angegriffen werden, ist die Ich-Botschaft die richtige Wahl. Nehmen wir einmal an, Ihnen gefällt der Pullover eines Familienmitgliedes nicht, dann können Sie entweder als Du-Botschaft sagen: »Du siehst ja furchtbar aus in deinem gelben Pullover!«, oder Sie sagen es als Ich-Botschaft: »Mir gefällt dein gelber Pullover nicht!« Eine Äußerung, die der Empfänger der Information leichter annehmen kann als die Bewertung der eigenen Person. Nehmen wir an, die Änderung der Kleidung sei ein wichtiger Punkt, so können Sie andere Meinungen noch als unterstützende Referenz hinzufügen. Zum Beispiel: »Auch die Vorstandsmitglieder Herr Müller und Frau Dr. Schmidt haben mir mitgeteilt, dass sie und viele andere Ihr langer gelber Pullover beim letzten Vortrag anfangs abgelenkt hat.«

Wenn Sie Ich-Botschaften verwenden, lassen Sie die Würde der anderen Person unangetastet. Sie teilen ihr lediglich die Wirkung auf Sie selbst mit. Wenn nur Sie diesen Pullover schrecklich finden, so wird dieser Hinweis leichter wieder in Vergessenheit geraten als die Abwertung der anderen Person. Außerdem kommt kein versteckter Groll gegen Sie auf. Für Sie als Redner ist das Wissen über die Ich-Botschaften natürlich nicht nur als Sender, sondern auch als Empfänger von Fragen und Zwischenrufen von großer Bedeutung. Wenn Sie jemand mit einem etwas rüden Ton beim Vortrag anspricht, können Sie entweder auf den Ton einsteigen oder die Ich-Botschaft erkennen und dort direkt nachfragen bzw. eine Antwort geben.

Du-Botschaft	Ich-Botschaft
Können Sie das nicht mal richtig erklären?	Ich habe es noch nicht verstanden.
Sie sagen nie, was unter dem Strich hängen bleibt.	Ich interessiere mich für den Gewinn unterm Strich und warte auf diese Information schon seit einiger Zeit.
Können Sie auch mal zur Sache kommen.	Die Einleitung hat mir zu lange gedauert. Ich habe wenig Zeit und möchte noch die wesentlichen Informationen erhalten.
Würden Sie bitte meine Frage mal beantworten!	Ich habe noch keine Antwort auf meine Frage bekommen und fühle mich nicht richtig beachtet.
Musst du mich denn dauernd beim Reden unterbrechen?	Ich fühle mich abgewertet und nicht verstanden. Ich habe das Gefühl, dass es dich gar nicht interessiert, was ich erzähle.
Kannst du nicht einmal pünktlich kommen?	Immer warte ich. Ich fühle mich schlecht dabei und lasse es immer wieder zu, statt einfach einmal zu gehen.
Nie lässt der Meier mich ausreden.	Ich habe es bis jetzt noch nicht geschafft, das richtige Mittel zu finden, um Herrn Meier wirkungsvoll, effektiv und trotzdem höflich zu stoppen, wenn er mich unterbricht. Ich fühle mich immer abgewertet dadurch, dass er mir ins Wort fällt.

Formulieren Sie geschickt

Formulieren Sie zur Übung folgende Sätze um:

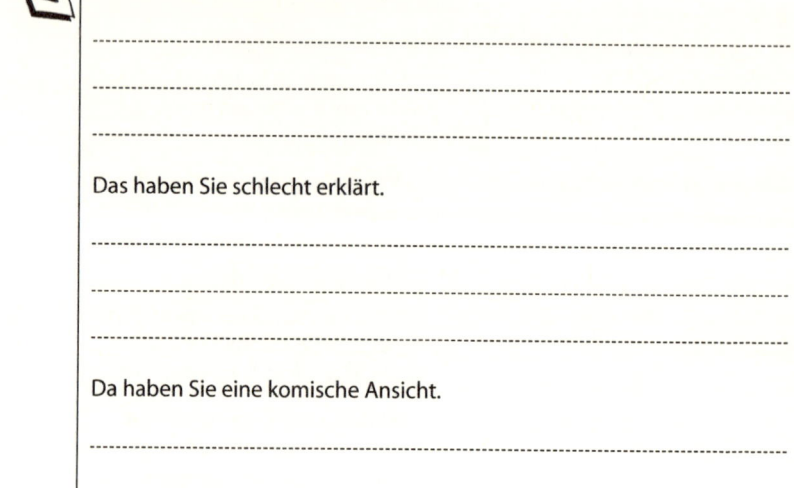

Können Sie etwas deutlicher sprechen?

Das haben Sie schlecht erklärt.

Da haben Sie eine komische Ansicht.

Sie müssen mich anschauen, wenn Sie mit mir reden.

Sie haben meine Frage nicht beantwortet.

Formulieren Sie nun Sätze aus Ihren Vorträgen entsprechend um.

»Du Depp«-Formulierungen

»Du Depp«-Formulierungen sind Formulierungen, mit denen Sie dem Gesprächspartner indirekt mitteilen können, wie Ihre Meinung über ihn ist, ohne es direkt sagen zu müssen. Viele ziehen diese versteckte, indirekte Art vor, um sich selbst mehr in Sicherheit zu wiegen. Dabei wird häufig übersehen, dass diese Art der Kommunikation Konflikte fördert, ja geradezu herausfordert. Wenn Sie Ihre Zuhörer mögen und wirklich gerne einen Vortrag halten, sollten Sie auf derartige »Du Depp«-Formulierungen verzichten.

Das wird gesagt	Das wird damit ausgedrückt	
»Wie ich vorhin schon einmal gesagt habe …«	Sie haben wohl nicht zugehört, Sie Schlafmütze.	
»Wie ja allgemein bekannt ist …«	Nur Sie wissen es nicht.	
»Ich verstehe Sie ja, aber …«	Jetzt jammern Sie hier nicht so rum, so schlimm ist es nicht, Sie Weichling.	
»Ja, aber …«	Meine Argumente sind doch viel besser: Sie müssen da schon ein bisschen weitsichtiger denken.	
»Wenn Sie auch mal was dazu sagen könnten.«	Sie sind hier nicht als taubstummer Statist eingeladen.	
»Haben Sie schon einmal darüber nachgedacht, wie sich Ihre Vorschläge in der Praxis umsetzen lassen.«	Sie kurzsichtiger Trottel. Geistloser Schwätzer.	
»Wissen Sie eigentlich, worauf es hierbei ankommt?«	Sie haben das Wesentliche ja noch lange nicht erkannt. Sie Trottel.	
»Da täuschen Sie sich aber …«	Sie kurzsichtiger Tölpel.	

Fallen Ihnen selbst noch weitere Formulierungen ein? Dann »übersetzen« Sie diese.

Formulieren Sie positiv

Ihre Art und Weise zu formulieren bestimmt die Stimmung, mit der Ihre Informationen aufgenommen werden. Das bedeutet beispielsweise, Sie kommen gut beim Empfänger an oder Sie lösen Verärgerung aus. Die gleiche Information wirkt in einer anderen Formulierung oft viel besser.

Vermeiden Sie	Sagen Sie besser
Bis zum nächsten Montag müssen Sie sich gedulden. Dann erst kann ich Ihnen die genauen Zahlen vorlegen.	(Bereits) nächsten Montag werde ich Ihnen die genauen Zahlen vorlegen können.
Mein Kollege ist heute nicht mehr da. Nur er weiß in diesem Bereich Bescheid. Ich kann Ihnen die Infos erst morgen geben.	Mein Kollege hat die Informationen, die Sie suchen. Er ist morgen wieder da. Ich werde Sie dann anrufen und Ihnen die Frage gerne beantworten.
Tut mir Leid. Auf diese Frage kann ich jetzt nicht eingehen. Ich habe die Unterlagen im Büro. Ich muss dort erst nachschauen, bevor ich Ihnen antworten kann.	Wenn Sie mir Ihre Telefonnummer geben, kann ich Ihnen die Antwort auf die Frage nachreichen. Diese Unterlagen habe ich im Büro.
Ich kann jetzt wirklich keine Fragen mehr beantworten. Wir müssen irgendwann zum Schluss kommen.	Für weitere Fragen stehe ich Ihnen gerne anschließend noch zur Verfügung, damit wir jetzt den Vortrag beenden können.
Herr Müller, wenn Sie auch mal was dazu sagen könnten.	Herr Müller, wie ist Ihre Meinung dazu?

Formulieren Sie zur Übung folgende Sätze um:

Ich weiß die Umsatzzahlen der Abteilung jetzt nicht. Da muss ich mich erst schlau machen.

Da kann ich Ihnen nicht weiterhelfen. Unsere Abteilung ist da nicht zuständig. Ich muss Sie zur Zentrale zurückstellen.

Die technischen Details kann Ihnen nur Herr Schröder sagen, und der ist bis Sonntag im Urlaub.

Zur weiteren Übung nehmen Sie nun negative Formulierungen aus einem Ihrer Vorträge und verändern Sie diese in positive Aussagen.

Redefiguren

In der Antike wurden Redefiguren viel häufiger verwendet, als dies heute der Fall ist. Die Namen weisen darauf hin, dass der Ursprung im Lateinischen und Griechischen liegt. Die Wirkung ist bei einem gezielten Einsatz sehr gut. Nachfolgend finden Sie eine Aufstellung der wichtigsten Redefiguren. Probieren Sie sie ruhig einmal aus und bauen Sie eine passende Redefigur in Ihren nächsten Vortrag ein.

Bezeichnung	Definition laut Duden
Akkumulation	Syndetische oder asyndetische Aneinanderreihung mehrerer Unterbegriffe vor einem zusammenfassenden Oberbegriff, der auch fehlen kann. **Beispiel:** Kühe und Hunde und Katzen und viele andere Tiere lebten auf dem Bauernhof friedlich zusammen. Fichten, Buchen, Birken, Lärchen, alle waren in voller Pracht zu sehen.
Alliteration	Gleichheit des Anlauts bei betonten Silben bedeutungsschwerer Wörter, Anlautreim. **Beispiel:** Muse und Musik. Geld und Geben. Wohlstand in Wolrabenstein.
Allusion	Anspielung auf Worte und Geschehnisse der Vergangenheit. **Beispiel:** Ein Goliath = ein großer, starker Mann.
Anakoluth	Das Fortfahren in einer anderen als der begonnenen Satzkonstruktion, Satzbruch. **Beispiel:** Wir werden dieses Projekt … wir werden es schaffen.
Anapher	Wiederholung eines oder mehrerer Wörter zu Beginn aufeinander folgender Sätze oder Satzteile. **Beispiel:** Musik war ihr Leben, Musik erfüllte sie mit Glück, Musik war ihr Ein und Alles.

Bezeichnung	Definition laut Duden
Aphorismus	Prägnant-geistreicher in sich geschlossener Sinnspruch, der eine Erkenntnis, Erfahrung, Lebensweisheit vermittelt. **Beispiel:** Lügen haben kurze Beine. Die Letzten werden die Ersten sein.
Apostrophe	Überraschende Hinwendung des Redners zum Publikum oder zu abwesenden Personen. **Beispiel:** Die Umsatzsteigerung verdanken wir natürlich nicht nur einem Einzigen, aber Sie, liebe Vertriebsmitarbeiter, Sie haben maßgeblich dazu beigetragen. Ihnen gebührt großer Dank!
Asyndeton	Wort- oder Satzreihe, deren Glieder nicht durch Konjunktionen miteinander verbunden sind. **Beispiel:** Er kam, sah, siegte.
Ausruf	Kurze laute Äußerung als Ausdruck einer Gemütsbewegung. **Beispiel:** Hurra, wir haben es geschafft!
Chiasmus	Syntaktische Stellung von kreuzweise aufeinander bezogenen Wörtern oder Redeteilen. **Beispiel:** Groß war der Einsatz, der Gewinn war klein! Du liebst mich, und dich liebe ich!
Correctio	Absichtliche Verbesserung des Ausdrucks. **Beispiel:** Ich finde das Produkt gut … nein, ich finde es genial!
Epiphora	Wiederholung eines oder mehrerer Wörter am Ende aufeinander folgender Sätze oder Satzteile. Gegensatz zu Anapher. **Beispiel:** Ich liebe dich und verehre dich! Fridolin ging gerne zur Oma, alle gingen gerne zur Oma.
Gnome	Lehrhafter Sinn- oder Denkspruch in Versform oder in Prosa. **Beispiel:** Morgenstund hat Gold im Mund.
Hyperbel	In einer Übertreibung bestehende rhetorische Figur. **Beispiel:** Himmelhoch. Wie Sand am Meer.

Bezeichnung	Definition laut Duden
Klimax	Übergang vom schwächeren zum stärkeren Ausdruck, vom weniger Wichtigen zum Wichtigeren. **Beispiel:** Bei der Segelregatta schien die Sonne, doch außergewöhnlich waren die sehr guten Windverhältnisse.
Litotes	Rhetorische Figur, die eine Eigenschaft mit dem Mittel der doppelten Verneinung oder der Verneinung des Gegenteils (oft in ironisierender Absicht) besonders bekräftigt. **Beispiel:** Nicht wenig = viel, nicht schlecht = gut, nicht unbekannt = (sehr) bekannt
Metapher	Sprachlicher Ausdruck, bei dem ein Wort (eine Wortgruppe) aus seinem Bedeutungszusammenhang in einen anderen übertragen, als Bild verwendet wird. **Beispiel:** Das Gold ihrer Haare. Der Spiegel der Wasseroberfläche.
Metonymie	Ersetzen des eigentlichen Ausdrucks durch einen anderen, der in naher sachlicher Beziehung zum ersten steht. **Beispiel:** Und er stieß mit seinem Stahl (= Dolch) kräftig zu. Lorbeer = Sieg
Paradoxon	Scheinbar unsinnige, falsche Behauptung, Aussage (oft in Form einer Sentenz oder eines Aphorismus), die aber bei genauerer Analyse auf eine höhere Wahrheit hinweist. **Beispiel:** Ich bin schrecklich verliebt.
Parallelismus	Semantisch-syntaktisch gleichmäßiger Bau von Satzgliedern, Sätzen, Satzfolgen. **Beispiel:** Herr Müller ging zum Golf spielen, Herr Schneider ging zum Golf spielen.

Bezeichnung	Definition laut Duden
Periphrase	Umschreibung eines Begriffs durch eine kennzeichnende Eigenschaft. **Beispiel:** Das Land, das auf der Landkarte aussieht wie ein Stiefel. Die deutsche Stadt, in der die meisten Hochhäuser und Banken sind.
Polysyndeton	Reihe von Wörtern, Satzteilen, Sätzen, deren Glieder mit Konjunktionen miteinander verbunden sind. **Beispiel:** Und das Meer rauschte und brauste und grollte.
Rhetorische Frage	Um der Wirkung willen gestellte Frage, ohne dass eine Antwort erwartet wird. **Beispiel:** Hätten Sie das geglaubt? Hätten wir die Mitarbeiter auf die Straße setzen sollen?
Sentenz	Kurz und treffend formulierter, einprägsamer Ausspruch, der Allgemeingültigkeit beansprucht; Sinnspruch, Denkspruch. **Beispiel:** Übung macht den Meister.
Sinnspruch	Spruch oder Satz, der eine Lebensregel enthält; Gnome, Sentenz. **Beispiel:** Auch die kleinste Pfütze spiegelt den Himmel.
Synekdoche	Ersetzung eines Begriffs durch einen engeren oder weiteren. **Beispiel:** Kiel = Schiff. Pro Kopf = jeder Mensch.
Wortpaare	Aus zwei Wörtern gleicher Wortart bestehende feste Redewendung; Zwillingsformel. **Beispiel:** Wind und Wetter. Land und Leute.
Wortwiederholung	Mehrfachnennung mit Betonung. **Beispiel:** Oh Captain, mein Captain.
Wortreihen mit Steigerung	Aufzählung von Wörtern einer Gattung mit einer Steigerung. **Beispiel:** Stunden, Tage, Wochen, ...Hunderte, Tausende, ...

Selbsterfüllende Prophezeiungen

Auch hier können Sie die selbsterfüllenden Prophezeiungen verwenden, die ich bereits auf Seite 88 angesprochen habe. Ergänzen Sie Ihre Zettel mit den Tipps aus diesem Kapitel, die für Sie am besten zutreffen.

Nachfolgend finden Sie einige Vorschläge aus den Seminaren, die die Teilnehmer häufig verwendet haben:

- Ich verwende mehr Verben als Hauptwörter!
- Ich spreche meine Zuhörer direkt an!
- Ich rede über konkrete Fakten!
- Ich stehe zu meinen Aussagen (keine Weichmacher)!
- Ich spreche in Bildern!
- Ich verwende erklärende Ich-Botschaften!
- Ich meide »Du Depp«-Botschaften!
- Ich formuliere meine Inhalte positiv!

Fragen zu Formulierungen

Was war für Sie die größte Erkenntnis in diesem Kapitel?

In welchen Bereichen werden Sie an sich arbeiten?

Wo werden Sie die selbsterfüllenden Prophezeiungen positionieren?

Warum werden die selbsterfüllenden Prophezeiungen positiv, in der Ich-Form und in der Gegenwartsform formuliert?

Wo können Sie bei anderen auf die Formulierungen achten?

Kapitel 6
Kommunikation

Grundlagen der Kommunikation

Kommunikation bedeutet laut Definition im Duden: Verständigung, Übermittlung von Informationen, Mitteilung.

Um zu kommunizieren, müssen Sie demnach jemandem etwas mitzuteilen haben. Einfacher gesagt, heißt dies:

Ein Sender teilt einem Empfänger etwas mit.

Der Sender A teilt dem Empfänger B etwas mit, mit der Absicht, dass B dies versteht. Oder einfacher formuliert: A möchte, dass B seine Nachricht dupliziert. Wenn A Äpfel sendet, möchte er, dass B auch Äpfel versteht und nicht etwa Birnen.

Im Optimalfall, das heißt, wenn B die Grundregeln der Kommunikation beherrscht, gibt er A nun eine Empfangsbestätigung, dass er As Nachricht erhalten und wahrgenommen hat. B gibt damit zu verstehen, dass er die Mitteilung erhalten hat. Diese Empfangsbescheinigung ist nicht gleichzusetzen mit einer inhaltlichen Übereinstimmung. Die Empfangsbestätigung ist ein erster wichtiger Schritt, damit beide mit ihrer Kommunikation fortfahren können.

Ob B nun wirklich Äpfel verstanden hat, ist eine andere Frage. Zur Überprüfung könnte er beispielsweise beschreiben, was genau bei ihm angekommen ist, also vielleicht Birnen, vielleicht Obst oder doch Äpfel. A weiß nun, ob seine Nachricht richtig und vollständig angekommen ist, oder eben nicht. Schön, wenn es so einfach geht!

Warum erscheint es aber manchmal so fürchterlich kompliziert, mit anderen Personen einfache Sätze auszutauschen, wo es doch nur darum geht, etwas zu senden, eine Duplikation zu erreichen und eine Bestätigung zu bekommen? Kein Mensch gleicht eben dem anderen, ebenso wenig wie Birnen Äpfel gleichen. Daher werden auch Formulierungen unterschiedlich eingesetzt und verstanden. Es schwingen immer wieder unterschwellig Informationen mit, die wiederum verschieden aufgefasst werden können.

Welche Faktoren beeinflussen nun das optimale Kommunizieren? Damit Sie einen kleinen Überblick erhalten, nenne ich Ihnen nun die wichtigsten Faktoren:

● Sachinhalte,
● Beziehungen,
● Emotionen,
● Unverständnis,
● Unwissen,
● Befindlichkeiten,
● Erfahrungen,
● Glaubenssätze.

Alle diese Punkte beeinflussen unser tägliches Leben und somit gleichermaßen unsere »Mitteilungsfähigkeit«.

Schauen wir uns zuerst einmal an, wie viele Seiten eine Nachricht haben kann.

Das Vier-Seiten-Modell nach Schulz von Thun

Friedemann Schulz von Thun hat das bekannte Vier-Seiten-Modell entwickelt, um zu zeigen, welch unterschiedliche Seiten eine Nachricht hat. Die folgenden vier Seiten lassen sich feststellen.

- **Sachinhalt** (worüber informiere ich). Eine Nachricht enthält zunächst eine Sachinformation und diese steht im Vordergrund.
- **Beziehung** (was ich von dir halte, wie wir zueinander stehen). Aus dem Tonfall oder der Formulierung geht hervor, wie der Sender zum Empfänger steht. Beim Senden einer Nachricht drückt sich die bestimmte Art von Beziehung zwischen Sender und Empfänger aus. Diese Beziehungsseite enthält Du-Botschaften wie auch Wir-Botschaften. (Beispiel: Ich sehe dich als Gleichberechtigten. Wir stehen zueinander wie Gleichberechtigte.)
- **Selbstoffenbarung** (was ich von mir selbst kundgebe). Hier gibt der Sender Informationen von sich selbst preis. Darin sind Selbstdarstellung sowie auch Selbstenthüllung enthalten.
- **Appell** (wozu ich dich veranlassen möchte). Eine Nachricht soll den Empfänger veranlassen, etwas zu tun oder zu unterlassen. Der Sender möchte Einfluss nehmen, ob offen oder versteckt.

Zur Verdeutlichung folgen einige Beispiele:

- **Situation:** Vater sagt genervt zum Sohn: »Dein Mofa steht schon wieder auf dem Rasen!«
- **Sachinhalt:** Mofa steht auf dem Rasen!
- **Beziehungsebene:** »Ich bin hier derjenige, der bestimmt, wo dein Mofa abgestellt wird. Solange du deine Füße unter meinen Tisch stellst, bestimme ich!«
- **Selbstoffenbarung:** »Ich fühle mich als Erziehungsperson nicht beachtet. Ich mag es nicht, wenn das Mofa auf dem Rasen steht. Ich gebe mir so viel Mühe mit dem Rasen und habe Angst, dass er durch das Mofa leidet und dann nicht mehr so schön aussieht.«
- **Appell:** »Stell das Mofa vom Rasen runter!«

- **Situation:** Vertriebsbeauftragter äußerst genervt zum Produktleiter: »Die Produkte gab es doch alle letztes Jahr schon! Nichts Neues!«
- **Sachinhalt:** Die Produkte gab es letztes Jahr schon!
- **Beziehungsebene:** »Ich will neue Produkte. Außerdem hättet ihr mich mal fragen sollen, was ich und unsere Kunden erwarten!«
- **Selbstoffenbarung:** »Ich bin nicht begeistert über das Fehlen neuer Produkte. Ich hatte eine Erwartung, die bis jetzt noch nicht erfüllt wurde.«
- **Appell:** »Stell mir neue Produkte vor.«

- **Situation:** Vorgesetzter zum Angestellten: »Denken Sie daran, morgen kommt unser Kunde Müller!«
- **Sachinhalt:** »Morgen kommt Kunde Müller. Bitte nicht vergessen!«
- **Beziehungsebene:** »Ich muss dich daran erinnern, dass du deinen Job richtig machst und nicht etwas Wichtiges vergisst!«
- **Selbstoffenbarung:** »Ich habe Angst, dass etwas schief gehen könnte oder vergessen wird und wir dann dumm dastehen!«
- **Appell:** »Denke an alle wichtigen Sachen für den Termin!«

- **Situation:** Frau zum Ehemann: »Der Mülleimer ist schon wieder voll!«
- **Sachinhalt:** Der Mülleimer ist voll!
- **Beziehungsebene:** »Ich muss dich immer daran erinnern, dass du auch mal im Haushalt mithilfst. Ich mache hier nicht alles!«
- **Selbstoffenbarung:** »Ich fühle mich ausgenutzt, wenn ich an alles denken muss. Ich mache schon so zu viel im Haushalt. Ich wünsche mir mehr Engagement von dir.«
- **Appell:** »Bringe den Mülleimer runter!«

Das Vier-Ohren-Modell nach Schulz von Thun

Entscheidend für die Reaktion ist natürlich nun, mit welchem Ohr
der Gesprächspartner zuhört und dann antwortet.

- **Sach-Ohr**
  Sach-Ohr-Empfänger (Unter-
  suchungen zeigten, dass haupt-
  sächlich Männer und Akade-
  miker auf diesem Ohr hören)
  sind fast ausschließlich auf die
  Sache eines Gesprächs konzen-
  triert. Problematisch wird es allerdings, wenn der Sender auch
  die anderen Seiten seiner Nachricht verstanden wissen möchte.
- **Beziehungs-Ohr**
  Die Empfänger mit einem ausgeprägten Beziehungs-Ohr nehmen alles persönlich. Hier wird vom Empfänger fast ständig alles
  auf die eigene Person bezogen, und er reagiert häufig beleidigt,
  fühlt sich angegriffen.
- **Selbstoffenbarungs-Ohr**
  Dieses Ohr ist spezialisiert darauf zu hören, was der Sender mit
  seiner Nachricht über sich selbst sagt. Der Empfänger hört sozusagen mit einem diagnostischen Ohr zu. Ausgeprägte Selbstof-
  fenbarungs-Hörer sind zur Selbstkritik und Eigenbetrachtung
  nicht mehr fähig, denn das Beziehungs-Ohr ist schon taub.
- **Appell-Ohr**
  Empfänger mit einem starkem Appell-Ohr sind schon auf dem
  Sprung, bevor der Appell richtig ausgesprochen wurde. Die eigenen Interessen lassen sie meist unbeachtet, da sie ständig damit
  beschäftigt sind, es allen recht zu machen.

Wenn der Junge im ersten Beispiel nur sein Sach-Ohr öffnet, würde
er kurz und knapp Folgendes antworten: »Stimmt!« Diese Antwort
würde sicherlich nicht zur Konfliktlösung beitragen. Fühlt er sich
auf seinem Beziehungs-Ohr angesprochen, so würde er Folgendes

erwidern: »Immer motzt du an mir rum! Du siehst doch, dass ich am Lernen bin. Stell dich doch nicht so an, wenn das Mofa ausnahmsweise mal auf dem Rasen steht!« Auch diese wohl oft übliche Antwort trägt nicht gerade zur Glättung der Wogen bei.

Hört der Junge mit diagnostischen Selbstoffenbarungs-Ohr zu, so würde er Folgendes erwidern: »Stört es dich, weil das Mofa draußen steht oder weil der Rasen davon kaputtgehen könnte?« Hierbei ist wichtig, dass ein ehrliches Interesse besteht herauszufinden, wo der Schuh drückt. Therapeuten arbeiten fast nur mit diesem Ohr. »Was ist los bei dir?« Ein Junge, der auf dem Appell-Ohr hört, wäre sofort unterwegs, um das Mofa vom Rasen zu stellen.

Wenn Sie als Redner Bemerkungen von Ihren Zuhörern erhalten, können Sie stets selbst entscheiden, auf welcher Ebene Sie antworten möchten. Am günstigsten dürfte es sein, wenn Sie in der Lage sind, schnell und flexibel die Ebenen zu wechseln. Für Konfliktlösungen ist es zudem sinnvoll, die versteckte Selbstoffenbarung zu erkennen und darauf einzugehen. Bitte schreiben Sie nun drei Beispiele auf und analysieren Sie diese.

Situation: --

Sachinhalt: --

Selbstoffenbarung: --

Beziehung: --

Appell: --

Situation:

Sachinhalt:

Selbstoffenbarung:

Beziehung:

Appell:

Situation:

Sachinhalt:

Selbstoffenbarung:

Beziehung:

Appell:

Nachrichten empfangen

Eine Übung im Seminar, die ich immer wieder einsetze, besteht darin, dass jemand einen Satz sagt und das Publikum auffordert, diesen Satz nachzusprechen. Die Verwunderung ist meist groß, denn die Zuhörer sind oft nicht in der Lage, selbst einfache Sätze als Gruppe richtig wiederzugeben. Fast immer überfordern die Vortragenden ihr Publikum mit der Erwartung, dass die gesagten Inhalte auch beim anderen ankommen.

Sie alle kennen vermutlich das Spiel »Stille Post«. Wir haben es früher bei Kindergeburtstagen gespielt. Einer denkt sich einen Satz aus und sagt diesen für die anderen nicht hörbar seinem Nachbarn. Der Satz wird nur einmal gesagt und nicht nochmals wiederholt. Dieser sagt es seinem Nachbarn, und so geht es weiter. In meinen Gedächtnistraining-Seminaren mache ich eine ähnliche Übung als Demonstration für eine Bildbeschreibung. Unglaublich, was am Ende jeweils herauskam. Mit dem ursprünglichen Bild war jedenfalls stets wenig Übereinstimmung erkennbar.

Für den Bereich des Vortrages können wir daraus lernen, dass die dargebotenen Informationen nur zu einem kleinen Teil bei den Zuhörern wirklich ankommen.

Kodieren und Dekodieren

Alle vier Seiten einer Nachricht kommen also beim Empfänger an. Dieser hat wiederum vier verschiedene Ohren. Da in jeder Botschaft verschiedene Zeichen oder Kodierungen des Senders stecken, muss der Empfänger sie jetzt dekodieren. Das Ergebnis hängt von seinen eigenen Erwartungen und Befürchtungen usw. ab. Dabei kann es vorkommen, dass Teile der gesendeten Nachricht nicht oder falsch ankommen. Zum Beispiel wird eine bestimmte Tonlage falsch interpretiert. Es wird etwas hineingelegt, was gar nicht so gemeint war. Die ankommende Nachricht ist in diesem Fall also ein Werk des Empfängers.

Drei Stufen des Empfangens

Wir können das Empfangen einer Nachricht generell in drei Bereiche gliedern:

wahrnehmen – interpretieren – fühlen

Wir nehmen etwas wahr, meist durch Sehen oder Hören. Das versehen wir dann mit einer Bedeutung (Interpretation) und darauf antworten wir mit unserem eigenen Gefühl. (Wohlgemerkt: Eine Interpretation kann richtig oder falsch sein.)

Ein Empfänger muss sich darüber im Klaren sein, dass seine Reaktion immer seine ganz persönliche Reaktion ist.

Fantasievorstellungen

Häufig reagieren wir nicht auf Menschen, wie sie wirklich sind, sondern auf die Vorstellungen, die wir uns von ihnen machen. Fantasien setzen wir dann ein, wenn über die Gefühle des anderen nur Vermutungen vorliegen, aber keine Wahrnehmung zugrunde liegt.

Fantasien sind weder gut noch schlecht, sie sind menschlich. Aber wir können lernen, damit sinnvoll umzugehen. Beachten Sie daher Folgendes und sagen Sie sich:

● Fantasien sind etwas von mir.
● Sie können zutreffend oder unzutreffend sein.
● Ich kann sie für mich behalten oder sie mitteilen und auf die Realität hin überprüfen.

Als Vortragender passiert es immer wieder, dass Sie von Ihrem Publikum missverstanden werden. Sie können dies nicht 100-prozentig ausschließen. Sie können es höchstens minimieren, indem Sie eine klare verständliche Sprache wählen und Ihr Publikum nicht mit Fremdwörtern oder schwammigen Aussagen überfordern.

Körpersprache

Sie kommunizieren nicht nur mit den Worten, die Sie verwenden, sondern mit Ihrem gesamten Körper. Wenn Sie beispielsweise verbal Inhalte vermitteln, von denen Sie innerlich nicht wirklich überzeugt sind, wird Ihr Körper dies ausdrücken. Die Zuschauer nehmen dies in jedem Fall wahr. Wer im Bereich der Körpersprache geschult ist, kann genau bestimmen, welche Bewegung nicht mit Ihren Worten übereingestimmt hat. Ungeschulte dagegen werden lediglich ein unwohles Gefühl haben und Ihnen vielleicht einfach nicht trauen.

In diesem Kapitel möchte ich Sie daher mit den verschiedenen grundlegenden Ausdrucksweisen vertraut machen. Immer wieder fragen mich Seminarteilnehmer beispielsweise: »Wohin mit den Händen?« Ich gebe Anregungen, **Die Körpersprache offenbart meist die wahre Absicht** aber keine Patentrezepte! Denn diese kann es für die Körpersprache nicht geben, da diese bei jedem Menschen unterschiedlich ausfällt. Ein junger, dynamischer Typ hat eine ganz andere Körpersprache als ein älterer, kräftiger Herr. Würde jeder die Körpersprache des anderen kopieren, so würde dies nicht zusammenpassen.

Wohin also mit den Händen?

Diese Frage taucht im Seminar immer wieder auf. Es gibt einige Haltungen, die allgemein als unvorteilhaft gelten. Wer beispielsweise beide Hände vor dem Hosenbund zusammenhält, schränkt damit seine Körpersprache ein. Diese Haltung ist eher für Fußballspieler bei Freistößen geeignet als zum Halten eines Vortrages (Foto 1, S. 124).

Manchmal ist zu beobachten, dass eine oder beide Hände in die Hosentaschen gesteckt werden. Auf die meisten Zuhörer macht dies einen zu legeren Eindruck (Foto 2, S. 124). Eine Hand in der Hosentasche wird für kurze Zeit von vielen noch geduldet. Sie sollten aber vermeiden, beide Hände in die Taschen zu stecken.

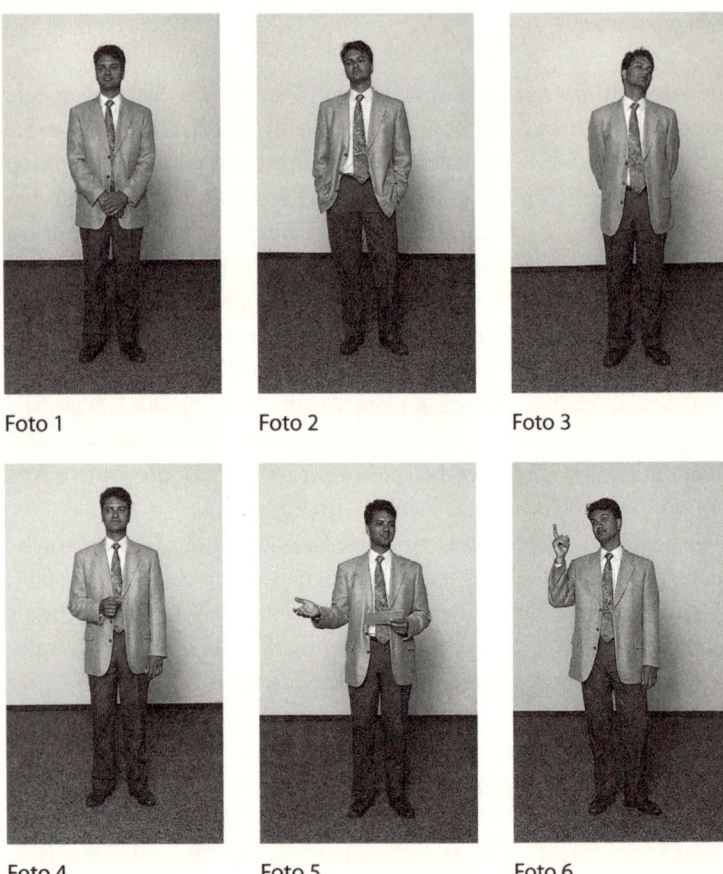

Foto 1 Foto 2 Foto 3

Foto 4 Foto 5 Foto 6

Eine weitere Angewohnheit mancher Redner ist es, beide Hände hinter dem Rücken zu halten. Wenn jetzt noch »herumstolziert« wird, wirkt es auf viele oberlehrerhaft und arrogant (Foto 3, S. 102). Wer Stichwortzettel verwendet und die Hände hinter dem Rücken zusammenführt, erschwert sich außerdem das Nachschauen auf dem Zettel. Die Bewegung vom Rücken bis ins Blickfeld ist sehr lang und wird von den Zuhörern eher wahrgenommen als der Zettel in der Hand vor dem Körper.

Foto 7

Foto 8

Foto 9

Foto 10

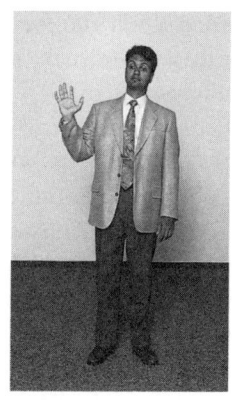

Foto 11

Am besten ist es, wenn Ihre Hände den Inhalt Ihres Vortrages natürlich unterstützen. Sie können die Hände einfach locker hängen lassen und bei Gelegenheit dann eine natürliche Gestik entstehen lassen. Am besten denken Sie überhaupt nicht darüber nach, was Ihre Hände machen.

Manche bevorzugen eine Hand nach oben zu nehmen (Foto 4). Dies sieht nicht so schlaff aus, wie wenn beide Arme nach unten hängen. Sie können diese Haltung dadurch erleichtern, indem Sie eine Stichwortkarte oder einen Stift in eine Hand nehmen. Bitte spielen Sie aber nicht mit dem Stift oder der Karte herum, sondern halten Sie diese einfach in Ihrer Hand (Foto 5, S. 124). Vermeiden Sie aber unnatürliche, antrainierte Stellungen, die nach längerer Zeit steif wirken. Seien Sie einfach so, wie Sie sind. Die wenigen Tabu-Stellungen können Sie mit etwas Übung leicht vermeiden.

Bestimmte Gesten erinnern unbewusst an erlebte Personen

Manche Redner haben die schlechte Angewohnheit immer mit erhobenem Zeigefinger auf manche Inhalte hinzuweisen (Foto 6, S. 124). Dieser erhobene Zeigefinger ruft allerdings bei vielen Erinnerungen aus der Kindheit wach. Die Eltern oder Lehrer haben mit Hilfe eines solchen Zeigefingers nachdrücklich auf unangenehme Sachen hingewiesen. »Wir haben dir doch schon 100-mal erklärt, dass du da aufpassen musst.« Wenn Sie diesen Eindruck vermeiden wollen, sollten Sie unbedingt auf Ihren Finger achten.

Ein paar Mal konnte ich bei Rednern geballte Fäuste beobachten (Foto 7, S. 125), obwohl der Inhalt des Vortrages durchaus angenehm war. Zurück blieb beim Publikum die Wirkung von einer unterdrückten Wut. Sollten Sie diese Angewohnheit haben, so empfehle ich, eine offene Gestik (Foto 8, S. 125) ruhig ein bisschen vor dem Spiegel zu trainieren. Sie werden merken, dass es viel freundlicher aussieht.

Wenn Sie Medien wie Overhead-Folien, Dias, Notebook oder ein Flipchart verwenden, sollten Sie auf jeden Fall darauf achten, dass Ihre hauptsächliche Blickrichtung zu Ihrem Publikum geht und nicht zur Wand (Foto 9 und 10, S. 125).

Eine erhobene Hand, beispielsweise nach einem Einwand eines Zuhörers, signalisiert deutlich, dass Sie das Argument wie mit einem Tennisschläger abwehren (Foto 11, S. 125).

Der Ausdruck des Gesichtes untermauert die ablehnende Haltung. Der Körper sagt: »Komm mir nicht mit solchen Argumenten!« Mit einer solchen Körperhaltung dürfte es schwer fallen, dem Zuhörer aufmerksam zuzuhören, um auf seine Gegenargumente gut eingehen zu können.

Ihre Körpersprache kommt natürlich am besten zum Ausdruck, wenn Sie vor Ihrem Publikum stehen und nicht durch einen Tisch oder ein Pult verdeckt werden. Bei wichtigen Passagen empfehle ich, solche Barrieren bewusst zu verlassen.

Stehend oder sitzend vortragen?

Sollten Sie Ihren Vortrag im Sitzen halten wollen, so achten Sie bitte darauf, dass Ihr Blickkontakt hauptsächlich zum Publikum geht und nicht auf Ihre Unterlagen gerichtet ist (Foto 12). Wer nur ab und zu den Blick nach oben richtet, aber den Kopf unten bei seinen Unterlagen lässt (Foto 13), gibt dem Publikum unmissverständlich zu verstehen, dass es nur an zweiter Stelle steht. An erster Stelle stehen die eigenen Unterlagen. Wenn Sie aufrecht nach vorne zu Ihrem Publikum blicken, sollten Sie Gesten vermeiden, die Sie als Platzhirsch darstellen (Foto 14). Vielmehr ist es empfehlenswert, eine offene zu Ihren Zuhörern gewandte Haltung einzunehmen (Foto 15).

Foto 12

Foto 13

Foto 14

Foto 15

Ihre Zuhörer

Die meisten Zuhörer sind dem Redner wohl gesonnen und reagieren freundlich und dankbar, wenn sie nicht gerade durch Argumente geärgert werden oder kein Grund vorliegt, den Redner anzugreifen. Dennoch existieren einige verschiedene Eigenarten, mit denen Sie als Redner von Zeit zu Zeit rechnen können. Wenn Sie sich vorher auf diese Eigenarten der Zuschauer einstellen, wird es Ihnen später leichter fallen, souverän darauf zu reagieren. Am professionellsten sieht es aus, wenn Sie mit allen Eigenarten ganz geschickt umgehen können.

Zunächst sollten Sie jedoch Ihre Vortragsweise überprüfen. Wenn Sie es also nicht schaffen, die Zuhörer zu begeistern, so sollten Sie zuerst bei sich selbst folgende Überlegungen anstellen:

Zuhörer sind unaufmerksam

	Ja	Nein
Mag ich meine Zuhörer?	☐	☐
Habe ich Lust auf den Vortrag?	☐	☐
Ist die Information für die Zuhörer wirklich interessant?	☐	☐
Ist meine Modulation abwechslungsreich?	☐	☐
Ist der Spannungsbogen geschickt aufgebaut?	☐	☐
Habe ich die Menge der Informationen gut dosiert?	☐	☐
Habe ich wenig Fremdwörter verwendet?	☐	☐
Habe ich eine sympathische Ausstrahlung?	☐	☐

Wenn Sie alle diese Fragen mit einem klaren Ja beantworten können, müssen Sie das Problem bei den Zuschauern suchen. Hierzu finden Sie nachfolgend einige Tipps.

Zunächst beschreibe ich die häufigsten Eigenarten und mache Ihnen dann Vorschläge, wie Sie mit diesen besser klarkommen könnnen.

Der teilnahmslose Zuhörer

Er ist nur schwer zu aktivieren. Am liebsten hätte er seine Ruhe. Das, was Sie vortragen, interessiert ihn nicht wirklich. Er ist nur körperlich und nicht geistig anwesend. In der Schule hätte der Lehrer einen solchen Schüler einfach drangenommen und damit auflaufen lassen. Genau dies sollten Sie aber vermeiden.

Merkmale:
- Macht müden Eindruck.
- Schläft oder döst.
- Wendet sich eher ab von Ihnen statt Ihnen zu.

Mögliche Ursachen:
- Überarbeitung, wenig Schlaf gehabt in letzter Zeit.
- Thema für ihn nicht interessant genug.
- Wurde zum Vortrag gezwungen, nicht freiwillig da.
- Hat gerade anderen Ärger bzw. Probleme.

Mögliche Abhilfen:
- Herausfinden, warum der Zuhörer zum Vortrag gekommen ist.
- Einfach in Ruhe lassen.
- Falls er für Entscheidungen wichtig ist, versuchen, ihn mit einem etwas intensiveren Blickkontakt freundlich miteinzubinden.
- Kurze Pause machen.

Der hinterlistige Zuhörer

Oberflächlich betrachtet, stimmt dieser Zuhörer Ihnen zu. Hinten herum lästert er aber über Sie und Ihre Produkte oder Ideen. Dies ist eine der schwierigsten Situationen bei einem Vortrag, da Sie dies meist nur erahnen können, denn die Zuhörer enttarnen sich in der Regel nicht selbst. Wenn Sie so etwas vermuten, sollten Sie auf jeden Fall zuerst einmal ruhig und gelassen damit umgehen. Sie werden vielleicht auch etwas Zeit und Übung benötigen, um eine geeignete Vorgehensweise für solche Situationen zu finden.

Merkmale:
- Nur der Mund lacht, nicht die Augen.
- Hat vordergründig angeblich nichts auszusetzen.
- Erzählt auch Ihnen Sachen über andere.

Mögliche Ursachen:
- Durfte nie die eigene Meinung sagen, ohne dafür bestraft zu werden.
- Will von allen geliebt werden.
- Hat nur wenig Selbstbewusstsein.
- Mag es nicht, wenn andere erfolgreicher oder besser sind.

Mögliche Abhilfen:
- Offen nachfragen, wenn Sie versteckten Widerspruch vermuten.
- Sich selbst nicht besonders hervortun, eher »Understatement« üben.
- Bei Erzählungen über andere darauf hinweisen, dass Sie die jeweilige Person darauf ansprechen werden (nicht mittratschen).

Der ruhige Zuhörer

In Vorträgen, wo keine Zuhörerbeteiligung notwendig ist, fällt dieser Zuhörer überhaupt nicht auf. Er sitzt ruhig und aufmerksam da und hört Ihnen zu. Problematisch wird es erst, wenn die Zuhörer aktiv werden sollen.

Merkmale:
- Bleibt meist stumm.
- Beteiligt sich nicht oder nur sehr wenig.

Mögliche Ursachen:
- Ist schüchtern.
- Mag Sie nicht.
- Hat Angst, etwas Falsches zu sagen.

Mögliche Abhilfen:
- Nachfragen, ob er mit den Inhalten übereinstimmen kann.
- In Ruhe lassen, kommt später von selbst.
- Mit freundlicher Art aktivieren, falls dies doch notwendig wird.

Der freundlich interessierte Zuhörer

Zum Glück ist diese Art von Zuhörern in der deutlichen Überzahl. Sie schätzen einen guten Vortrag und loben den Redner auch gerne dafür. Sie sollten diesen Zuhörern die Möglichkeit geben, auch einmal zu Wort zu kommen. Diese werden es Ihnen danken.

Merkmale:
- Fragen nach, wenn sie etwas nicht verstehen.
- Wollen möglichst viel erfahren, falls der Inhalt sie interessiert.
- Beteiligen sich am Thema.
- Bei gegenteiliger Meinung wird der Redner trotzdem geschätzt.

Der sich aufspielende Zuhörer

Dieser Zuhörer kann Ihnen Schwierigkeiten bereiten, wenn Sie ihm keine Grenzen aufzeigen. Mit einer freundlichen Bestimmtheit sollten Sie ihm mitteilen, dass Sie im Moment der Redner sind und er der Zuhörer ist. Achten Sie darauf, dass Ihr Ton und Ihre Wortwahl von Freundlichkeit getragen werden.

Merkmale:
- Quatscht dazwischen.
- Ist unaufmerksam, kann schlecht ruhig zuhören.
- Macht viele Witze und lacht selbst am meisten darüber.
- Weiß alles besser.
- Spricht mit den Nachbarn.
- Hat immer das letzte Wort.

Mögliche Ursachen:
- Will die Aufmerksamkeit auf sich ziehen.
- Will die Gruppe erheitern.
- Will im Vordergrund stehen.
- Hat es nicht gelernt, ruhig zuzuhören.

Mögliche Abhilfen:
- In einer Pause oder (wenn Sie ihn kennen) vor dem Vortrag bitten, sich etwas zurückzunehmen (auf Formulierung und Ton achten, als Ich-Botschaft mitteilen).
- Aktiv in den Vortrag einbinden.
- Zwischenrufe ignorieren, falls es nur wenige sind.
- Um Handzeichen bitten.

Der immer kritisierende Zuhörer

Diesen Zuhörer werden Sie kaum zufrieden stellen
können. Es gibt einfach Personen, die selbst im
schönsten Urlaubsort noch etwas auszusetzen
haben. Die Empfangschefin eines Hotels erzählte mir
von einem Gast, der auszog, weil in seinem wirklich erst-
klassigen Zimmer keine Schublade für seinen Schlafanzug vorhanden war. Unglaublich, aber wahr. Sie werden solche Zuhörer auch in
Ihren Vorträgen haben. Achten Sie darauf, dass Sie sich nicht in
sinnlose Diskussionen einlassen. Sie würden fast immer verlieren.

Merkmale:
● Haben immer etwas auszusetzen.
● Haben Vorurteile.
● Lachen selten, wenn dann aus Schadenfreude.
● Sind neidisch.

Mögliche Ursachen:
● Wurden zu wenig bestätigt.
● Verfehlte Ziele oder Probleme im Beruf oder Privatleben.
● Negative Einstellung zum Leben.

Mögliche Abhilfen:
● Nicht auf Diskussionen einlassen.
● Abfällige Bemerkungen ignorieren, mit einem wortlosen,
  freundlichen Blick beenden.
● Techniken zur Behandlung von Einwänden verwenden.

Die Körpersprache Ihrer Zuhörer

Natürlich sprechen Ihre Zuhörer genauso durch ihre Gestik und Mimik. Zum Beispiel sehen Sie auf der gegenüberliegenden Seite einige Ausdrucksmöglichkeiten von Langeweile.

- **Foto 1:** Dieser Zuhörer sitzt in einer für ihn bequemen Haltung. Es fällt ihm in dieser Haltung schwer, seine Position zu verändern. Die Augen strahlen nicht, sondern sind bereits leicht ermattet. Der Vortrag reißt ihn nicht mit, sondern langweilt ihn. Die Langeweile ist aber nicht so stark, dass er grundsätzlich nicht mehr bereit wäre, sich noch begeistern zu lassen.

- **Foto 2:** Dieser Zuhörer drückt mit seiner Haltung aus, dass Sie endlich zur Sache kommen sollen. In seinen Augen ist eine leichte Abfälligkeit zu erkennen. Durch das hochgestellte Knie baut er eine Barriere zwischen dem Vortragenden und sich. Er spielt mit dem Blatt, ein weiterer Hinweis dafür, dass er sich langweilt.

- **Foto 3:** Auf dem nächsten Bild wird die Langeweile noch besser sichtbar. Die aufgestützte Hand und die schweren Augenlider lassen keinen Zweifel zu. Der gesamte Körper ist bereits zusammengesackt, der Kopf liegt direkt auf den Schultern auf, die Kleidung ist zerknittert. Der Zuhörer sieht so aus, als ob er schon aufgegeben hätte. Er wartet nur noch auf das Ende des Vortrages.

- **Foto 4:** Der Zuhörer auf diesem Bild ist nachdenklich. Seine Hand vor dem Mund und sein interessierter Blick weisen darauf hin, dass er an der Sache interessiert, aber noch nicht überzeugt ist. Er ringt gerade mit sich und seinen Überzeugungen, ob der vorgetragene Inhalt so stimmen kann.

- **Foto 5:** Hier ist der Zuschauer nicht mehr neutral, sondern negativ gestimmt. Sie können dies leicht an den Falten auf der Stirn und den vorgeschobenen Lippen erkennen. Die kleinen Augen zeigen zudem, dass keine Begeisterung vorhanden ist.

- **Foto 6:** Jener Herr auf diesem Bild möchte Ihnen durch seinen Blick unmissverständlich mitteilen, dass es wohl nicht sein kann, was Sie da gerade von sich geben. Die aufeinander gepressten

Lippen zeigen eine angestaute Kraft, die eine Abwehr ausdrückt. Nach dem Motto: »Jetzt reicht es aber!«, will er von diesem Thema nichts mehr wissen.

Achten Sie generell darauf, welchen Eindruck die meisten Ihrer Zuhörer machen. Lassen Sie sich nicht durch einzelne, für Sie komische Blicke aus der Ruhe bringen. Alle Zuhörer zu begeistern ist ein hohes Ziel, welches nur nach einiger Übung gelingt.

Foto 1

Foto 2

Foto 3

Foto 4

Foto 5

Foto 6

Kapitel 7
Gesprächsführung

Dialog mit der Gruppe

»Alles schläft – einer spricht – so was nennt man Unterricht!« Ein erfahrener Seminarleiter äußerte diesen Satz zu Seminarbeginn und wies darauf hin, dass dies nicht das Motto seines Seminars sei.

Mancher Fachvortrag hält sich aber leider doch eher an dieses Motto. Beispielsweise erlebte ich folgende Veranstaltung: Ein fachkundiger Informatiker hielt einen 60-minütigen Vortrag über das Internet. Das anfangs noch interessierte Publikum stellte am Ende keine Fragen mehr. Es war geistig richtig blockiert, mit Informationen regelrecht zugeschüttet. Auch die scheinbar aufmunternde Floskel am Ende des Vortrages: »Sind noch Fragen da?«, konnte an dieser Blockade nichts mehr ändern.

Es gibt eine Regel von dem Verhältnis von *Input* und *Output*, an die Sie sich halten sollten: Wenn Sie einen Vortrag halten, der länger als 15 Minuten dauert, sollten Sie diesen richtig lebendig gestalten, damit Ihre Zuhörer begeistert dabeibleiben. Dauert er länger als 30 Minuten, dann müssen Sie unbedingt Phasen einbauen, in denen die Zuhörer aktiv werden können. Beachten Sie in diesem Fall: nicht nur Input für die Zuhörer. Und berücksichtigen Sie die Regel: Sie dürfen über alles reden, nur nicht über 45 Minuten! Danach sollten die Zuhörer unbedingt die Möglichkeit haben, aktiv zu werden. Dabei ist es egal, ob Sie eine kurze Pause einschieben oder ob Sie aktive Phasen einbauen, wie zum Beispiel Wiederholungen, Gruppengespräche oder eine Diskussion, an der sich alle beteiligen können. Bedenken Sie stets: Irgendwann ist der Arbeitsspeicher Ihrer Zuhörer voll, und es werden keine Informationen mehr aufgenommen.

Tipps für die Gesprächsleitung

Wenn Sie mit Ihrem Publikum in einen Dialog treten, ändert sich Ihre Rolle vom Vortragenden zum Moderator. Diese Art der Kommunikation geht von der Einweg- in eine Zweiwegkommunikation über. In dieser Rolle sollten Sie folgende Tipps beachten.

● **Reflektierend zuhören!**
Mit eigenen Worten, kürzer und klarer wiedergeben, was gerade gesagt wurde:
– Wenn ich Sie richtig verstanden habe, dann meinen Sie …
– Lassen Sie mich noch einmal kurz zusammenfassen …

● **Ausreden lassen!**
Bei Vielrednern oder langatmigen Ausführungen taktisch unterbrechen:
– Sie meinen also …
– Moment – Sie sagten eben …

● **Visualisieren!**
Auf einem Flipchart, einer Pinnwand oder einer Tafel festhalten:
– *Gesprächsziele:* Was wollen wir? Was ist unser Ziel?
– *Einwände:* Was spricht dagegen?
– *Vorteile:* Was spricht außerdem dafür?
– *Komplizierte Darstellungen:* Wie lässt sich das visuell darstellen?
– *Ideen:* Neue Ideen nicht sofort angreifen!
– *Fragen:* Welche weiteren Frage stellen sich noch?

● **Konkrete Aussagen fördern!**
Bei allgemein gehaltenen Aussagen ist die Gefahr von Missverständnissen relativ hoch. Deshalb Rückfragetechnik anwenden:
– Wie meinen Sie das?
– Welchen Punkt sprechen Sie konkret an?
– Können Sie mir das an einem Beispiel verdeutlichen?

● **Einwände wirksam und weich behandeln!**
Hierzu sollten Sie den Abschnitt »Methoden für den Umgang mit Einwänden« lesen. (s. Seite 140ff.)

Fragen und Zwischenfragen

Am effektivsten für Sie ist, wenn Sie sich auf Ihre Zuhörer freuen. Freuen Sie sich auch über die, die kritisch oder gegen Ihre Positionen sind. Denn dies ist die beste Einstellung, die Sie bekommen können.

Fragen zeigen, dass Ihre Zuhörer sich Gedanken über das Thema machen. Die meisten Redner freuen sich leider gar nicht über Fragen. Damit Sie aber diese Freude erleben können, sollten Sie sich zunächst ausreichend auf mögliche Fragen vorbereiten. Ratsam ist es, eine Liste mit allen möglichen Fragen anzufertigen. Schreiben Sie auch unliebsame Fragen auf und überlegen Sie sich vorher in aller Ruhe die passenden Antworten darauf.

Es ist auch keine Schande, wenn Sie eine Frage nicht beantworten können. Sie sollten dies direkt zugeben. Natürlich sollte dies nur selten vorkommen, aber wenn es einmal der Fall ist, bietet es sich an, die Antwort nachzureichen.

Vorgehensweise vorher klären

Auf jeden Fall sollten Sie am Anfang Ihres Vortrages klären, wie Sie mit Fragen umgehen werden. Sie können beispielsweise die Zuhörer darum bitten, sich die Fragen bis zum Ende zu merken, weil sich einige Fragen im Verlauf des Vortrages sowieso klären werden. Ich selbst finde es allerdings sinnvoll, jede Gelegenheit zu nutzen, um mit dem Publikum in einen Dialog zu treten. Achten Sie aber darauf, dass Sie die Fragen nicht zu ausschweifend beantworten, da Sie sonst in Zeitprobleme kommen könnten.

Bei großen Gruppen bietet es sich an, Zettel auszuteilen und die Fragen darauf schreiben zu lassen. Lassen Sie am Anfang diese Zettel austeilen und weisen Sie darauf hin, dass jeder seine Fragen darauf schreiben kann. Kurz vor Beginn der Diskussion werden die Zettel von einem Helfer eingesammelt und nach Themenbereichen geordnet. Falls es für Sie notwendig ist, sich auf die Fragen vorzubereiten, bauen Sie eine kleine Pause ein, um diese Zeit zu überbrücken. Dann können Sie die Fragen in Ruhe beantworten. Als letzte Frage sollten Sie sich eine zurechtlegen, die für Sie noch einmal richtig Pluspunkte einbringt. Beschließen Sie den Vortrag nach den Fragen mit einem abschließenden Beitrag (kleiner Höhepunkt) und lassen Sie nicht das Ende in den Fragen untergehen.

Keine Fragen unterdrücken

Bei der Technik mit den Zetteln habe ich schon erlebt, dass der Redner Fragen absichtlich nicht beantwortete. Diese wurden einfach weggelassen. Meist waren es unliebsame Fragen von Zuhörern, die vom Vortragenden als sehr kritisch angesehen wurden.

Wenn Sie Glück haben, meldet er sich und teilt Ihnen die Frage erneut mit. Sie haben eine erneute Chance, eine gute Antwort zu finden. Wenn Sie Pech haben, sagt er in diesem Moment nichts. Kurzfristig sieht dies angenehm aus. Er wird die Frage aber inoffiziell und hinter Ihrem Rücken immer wieder aufwerfen. Der Schaden, den er damit anrichten kann, ist nicht zu unterschätzen.

Erkennen Sie die Absicht

Manche Fragenden wollen nur vordergründig eine Antwort auf ihre Frage. Eigentlich verstecken sie noch eine weitere Absicht hinter ihrer Frage. Beispielsweise kann es sein, dass sie herausfinden möchten, ob Sie auch ein kompetenter Vortragender sind. Die Frage lautet dann meist. »Wie oft haben Sie dieses Projekt denn schon durchgeführt?«

Methoden für den Umgang mit Einwänden

Viele Redner und Präsentatoren fürchten sich vor Einwänden oder Rückfragen. Eine gute Vorbereitung kann hier schon einen großen Teil dieser Angst beseitigen. Wichtig ist, dass Sie sich bereits im Vorfeld darauf einstellen, dass Fragen oder Einwände auftreten können. Wenn Sie bereits während Ihrer Vorbereitung einige Fragen und Einwände aufschreiben und sich hierfür die Antworten überlegen, haben Sie schon viel für Ihre innere Ruhe getan.

Viele Konflikte beginnen mit harmlosen »Ja, aber …«-Äußerungen. Das »aber« lässt den Gesprächspartner zum Gesprächsgegner werden. Wenn Sie Ihre Gesprächspartner wirklich als Partner sehen, sollten Sie diese typischen Redemuster vermeiden.

Auf den nächsten Seiten beschreibe ich einige didaktische Techniken, die Ihnen in der Praxis dabei helfen sollen, Einwänden gut zu begegnen. Wenn Sie eine oder mehrere dieser Techniken anwenden, achten Sie bitte stets darauf, dass diese zu Ihnen passt. Sie dürfen keine Rolle spielen, sondern Sie müssen Sie selbst sein. Wenn Ihnen eine Technik gefällt, dann sollten Sie diese bereits bei der täglichen Arbeit trainieren. Denn: **Übung macht den Meister!**

Rückfragetechnik

Die Rückfragetechnik dient dazu, genau herauszufinden, was hinter dem Einwand wirklich steckt. Man fördert konkrete Aussagen und klärt allgemein gehaltene Äußerungen bis ins Detail, um sie genau zu verstehen. Zum Beispiel:

Einwand:	Ich überlege mir das noch einmal!
Rückfrage:	Welcher Punkt ist es denn in der Hauptsache, der Sie noch zögern lässt?
Einwand:	Das ist mir alles zu kompliziert!
Rückfragen:	Was genau ist Ihnen zu kompliziert? Bis zu welchem Punkt war es noch klar?

Kompensationsmethode

Die Kompensationsmethode wird verwendet, wenn die Vorteile gegenüber den genannten Nachteilen ersichtlich überwiegen (dies sollte eigentlich immer der Fall sein). Die Formulierungen sollten mit Bedacht ausgewählt werden, damit derjenige, der den Einwand äußerte, nicht lächerlich dasteht. Zum Beispiel:

Einwand: Die Schulung ist zu teuer!
Kompensation: Die Kosten für die Schulung sind sicher ein Nachteil, auf der anderen Seite steht dem gegenüber …

Einwand: Das kostet zu viel Zeit!
Kompensation: Sie haben Recht, dass wertvolle Arbeitszeit aufgebracht werden muss. Der Vorteil, der dadurch entsteht, wiegt dies nach unserer Analyse dadurch wieder auf, dass …

Bumerangmethode

Die Bumerangmethode schlägt den »Gegner« mit seinen eigenen Waffen. Am besten ist es, wenn man sich wirklich gerade über diesen Einwand freut und mit Begeisterung darauf eingehen kann. Nach dem Motto: Wirklich super, dass Sie diesen Einwand bringen, wir haben uns genau darüber den Kopf zerbrochen, und jetzt bin ich froh, dass ich Ihnen einen Lösungsvorschlag unterbreiten kann. Zum Beispiel:

Einwand: Ich sehe in dem ganzen Computersystem keinen Nutzen!
Bumerang: Gerade deshalb wollte ich Ihnen einen Termin vorschlagen, bei dem wir gemeinsam über die Kosten-Nutzen-Analyse sprechen können.

Einwand:	Das geht nicht!
Bumerang:	Genau deshalb, weil wir das auch vorher gedacht haben, haben wir diese Veranstaltung ins Leben gerufen. Hier können wir alle gegenteiligen Meinungen auf den Tisch bringen und die Funktionsweise demonstrieren.

Referenzmethode

Ihr Gesprächspartner hat vor irgendetwas Angst. Vielleicht will er keinen Fehler machen oder ein Risiko erscheint ihm zu groß. Mit dieser Methode fühlt er sich nicht mehr so alleine. Man versteht seine Bedenken und teilt ihm mit, dass es nicht nur ihm so ergeht. Jetzt folgt die Erfolgsmeldung derjenigen, die sich dann dafür entschieden haben. Dies gibt Ihrem Gesprächspartner die Idee: »Wenn die anderen das geschafft haben, schaffe ich das höchstwahrscheinlich auch.« Zum Beispiel:

Einwand:	Das geht nicht!
Referenz:	Das haben viele Kunden auch spontan vermutet. Mittlerweile haben wir insgesamt sieben Projekte mit Erfolg durchgeführt. Darunter sind folgende Kunden: …

Einwand:	Das ist mir alles zu kompliziert!
Referenz:	Viele Ihrer Kollegen hatten am Anfang auch so gedacht, nach unserer Schulung dann gemeint, dass …

Wandelmethode

Dies ist eine der galantesten Methoden. Mit dieser Technik wandeln Sie destruktive Einwände in konstruktive Fragen um. Bei häufiger Verwendung sollten Sie die Formulierungen variieren. Bedenken Sie auch: Hinter jeder destruktiven Bemerkung steckt eine Frage. Zum Beispiel:

Einwand: Mit dem ganzen System macht man nachher nur schlechte Erfahrungen!

Wandel: Wenn ich Sie richtig verstanden habe, fragen Sie sich, mit welchen Vorkehrungen wir Sie vor den möglichen Gefahren schützen können! Für die Gefahren haben wir folgende Vorsichtsmaßnahmen eingebaut: … Habe ich Sie da richtig verstanden?

Einwand: In der Praxis sieht das alles ganz anders aus!

Wandel: Wenn ich Sie richtig verstanden habe, fragen Sie sich, was davon in der Praxis anzuwenden ist. Hierfür kann ich Ihnen folgende Praxisbeispiele zeigen: … Habe ich Sie da richtig verstanden?

Einwand: Das ist alles viel zu teuer!

Wandel: Wenn ich das richtig sehe, dann fragen Sie sich, warum sich die Investition dieser Summe für Sie lohnt. Die Kosten-Nutzen-Analyse zeigte hier: … Habe ich Sie da richtig verstanden?

Einwand: Dafür habe ich keine Zeit!

Wandel: Wenn ich Sie richtig verstanden habe, fragen Sie
                sich, wie sich die Investition von so viel Stun-
                den Ihrer kostbaren Zeit lohnt. Der Punkt, an
                dem es sich lohnt, sieht folgendermaßen aus: …

Kombination der Methoden

Das Geschickteste ist natürlich, wenn Sie in der Lage sind, die ver-
schiedenen Methoden zu kombinieren. Ein bisschen Training und
Sie werden schnell herausfinden, welches die passende Methode ist.
Nachfolgend finden Sie ein Beispiel.

*»Diese Methoden kann man aber nicht bei jedem anwenden! Es gibt
Leute, die sind immer dagegen!«*

»Wen meinen Sie mit ›man‹?« (Rückfragetechnik)

»Ja wen schon, ich zum Beispiel!«

*»Sie fragen sich, ob Sie diese Methoden bei jedem Gesprächspartner
anwenden könnten, wenn Sie diese ausreichend trainieren würden?«*
(Wandelmethode)

»Ja.«

*»Die Erfahrung hat gezeigt, dass das Training wichtig ist, um wirk-
lich flexibel damit umzugehen. Wenn Sie es eine Zeit lang trainieren
würden, wären Sie wahrscheinlich überrascht. Erst kürzlich hat ein Seminarteilnehmer gesagt, es funktioniere besser, als er am Anfang gedacht hätte!«* (Referenzmethode)

»Es gibt aber Leute, die sind immer dagegen!«

*»Da möchte ich Ihnen Recht geben, genau aus diesem Grund ist es
sinnvoll, solche Methoden zu trainieren! Sie können sich mit destruktiven Gesprächspartnern zumindest darüber einigen, dass Sie sich nicht
einig sind. Wenn jemand auf seiner Meinung beharren will, können Sie
dies nur bestätigen, oder?«* (Bumerangmethode)

»Ja, das meine ich!«

Störungen und Zwischenrufe

Viele meiner Seminarteilnehmer fragen sich, wie sie mit Störungen umgehen sollen. Generell kann ich dazu keine Patentrezepte geben. Es kommt aber immer auf den Ton an, wie Sie etwas zu dem Störenfried sagen. Hinzu kommt die Körpersprache mit Gestik und Mimik. Dann ist natürlich noch die Wortwahl entscheidend. All diese Faktoren sind aber nur von einem abhängig, und zwar davon, ob Sie Ihr Publikum mögen. Ja, so komisch dies an dieser Stelle klingen mag, Sie sollten auch die Störenfriede als Menschen mögen. Denn es ist in der Regel nur eine Verhaltensweise, die man als störend empfindet. Wenn Sie allerdings der gesamte Mensch stört, wenn Sie diesen am liebsten gar nicht sehen würden, dann wird es schwierig.

Für den Umgang mit Störungen habe ich in einem meiner Seminare ein Musterbeispiel erlebt: Eine Seminarteilnehmerin trug einen Vortrag vor, und ein Zuhörer blätterte laut in seinen Unterlagen, anstatt zuzuhören oder wenigstens leise zu blättern. Die Frau stellte diesem Zuhörer einfach eine Frage. – Eine Methode, die wir aus der Schulzeit alle kennen. – Zu 95 Prozent dürfte diese Vorgehensweise nicht die besten Erinnerungen wachrufen. Die Rednerin fragte aber so charmant, mit einem von innen kommenden freundlichen Lächeln, dass dem Herrn gar keine Wahl blieb, als freundlich ertappt zu grinsen und die Frage zu beantworten. Er legte seine Unterlagen beiseite und folgte mit innerem Interesse dem Vortrag bis zum Ende. Ein anderer Ton dagegen hätte eine Protestreaktion ausgelöst und wäre nach hinten losgegangen.

Das Motto der folgenden Methoden lautet: freundlich und bestimmt eingreifen, damit Sie Ihren Vortrag fortsetzen können. Sie sollten die Störungen effektiv und stets freundlich handhaben. Alle Vorschläge sollten Sie natürlich wieder überprüfen, ob diese zu Ihnen und Ihrer Art passen.

Auf keinen Fall sollten Sie schlechte Gefühle gegenüber Personen anstauen und somit »Rabattmarken« sammeln. Wenn Sie das Verhalten eines Zuhörers stört, sollten Sie entweder Ihre persönliche

Einstellung dazu überdenken oder den Zuhörer bitten, dies zu unterlassen. Manche haben Angst, einen Vorgesetzten auf eine Unart hinzuweisen. Wenn dies der Fall ist, wird seine Verhaltensweise bestehen bleiben. Wenn Ihnen etwas unerträglich ist, müssen **Sie** etwas unternehmen – nicht die anderen.

Einzelne Personen sind unaufmerksam

Die Vorgehensweise in einem solchen Fall hängt von der Gruppengröße und davon ab, wie die Zuhörer eingeladen wurden. Werden die Personen zu einem Vortrag beispielsweise vom Vorgesetzten geschickt, so können Sie damit rechnen, dass einige nicht so aufmerksam sind und lieber etwas anderes in dieser Zeit erledigen würden. Wenn Sie allerdings richtig gut sind, ziehen Sie auch diese nach einiger Zeit in Ihren Bann.

Aufmerksamkeit ist eine hohe Anerkennung

Wenn etwa fünf bis zehn Prozent der Zuhörer nicht mit voller Aufmerksamkeit dem Vortrag folgen, so sollte Sie dies nicht unbedingt stören. Anders liegt der Fall, wenn alle Beteiligten später für eine Entscheidung wichtig sind. Dann müssen Sie eingreifen. Weisen Sie freundlich darauf hin, dass Sie nun wichtige Informationen geben, die für die anschließende Entscheidung von großer Bedeutung sind. Dies wird Ihnen die Aufmerksamkeit aller zurückbringen.

Mehrere Personen sind unaufmerksam

Wird die Prozentzahl der nicht aufmerksamen Personen größer, sollten Sie unbedingt etwas unternehmen. Als kurzfristiges Mittel ist eine Veränderung der Modulation oftmals wirkungsvoll. Sprechen Sie lauter oder leiser, machen Sie mal mehr und mal weniger Pausen. Variieren Sie die Sprechgeschwindigkeit.

Hält der Zustand jedoch länger an, so ist der Vortrag entweder thematisch für die Zuhörer uninteressant, oder Sie tragen zu langweilig vor. Es kann natürlich auch an der Uhrzeit oder anderen Umständen liegen, aber das Thema und die Vortragsweise sind in der Regel die Hauptursachen. Wenn es am Thema liegt, so können Sie mit Fragen versuchen, Ihr Publikum zu aktivieren und mit den Zuhörern in einen Dialog zu kommen. So können Sie herausfinden, wo deren eigentliche Interessen liegen.

Es ist manchmal ratsam, sein Konzept zu verlassen und sich den Wünschen der Zuhörer anzupassen. Natürlich birgt dies mehr Gefahren und verlangt moderatorisches Geschick.

Eine Person lenkt andere Zuhörer ab

Wenn diese Ablenkung nur für einen Moment stattfindet, können Sie es zunächst einfach ignorieren. Verstummt der Zuhörer nicht, so können Sie durch einen ruhigen gezielten und freundlich bestimmten Blick den Zuhörer nonverbal auffordern, damit aufzuhören. Meistens nehmen es andere Zuhörer zuerst wahr und teilen es dann dem Störenfried mit, was Sie unterstützt und signalisiert, dass die anderen Ihrer Meinung sind.

Sollte der Zuhörer immer wieder damit anfangen, können Sie ihn darauf hinweisen, dass es Sie und auch die anderen Zuhörer vom Vortrag ablenkt, was Ihnen nicht recht ist. Sie können dem Zuhörer freistellen, weiter den Vortrag zu besuchen oder auch lieber einer anderen Beschäftigung an einem anderen Ort nachzugehen, falls er dies möchte. Lassen Sie ihm aber die Wahl.

Bedenken Sie bitte, dass wir hier über eine Extremsituation sprechen, die mir bei mehreren Tausend Zuhörern erst ein einziges Mal untergekommen ist. Der Zuhörer musste diesen Vortrag besuchen und wollte eigentlich etwas anderes erledigen. Er fragte dann, ob es für mich in Ordnung wäre, wenn er ginge, und wir trennten uns im Einvernehmen. Er kam nach 30 Minuten wieder und hatte seine Arbeit erledigt. Ab da war er wieder aufmerksam.

Wenn Sie hingegen nichts unternehmen, zeigen Sie dem Zuhörer, dass sein Verhalten für Sie in Ordnung ist. Es gilt der Satz von Watzlawick: Sie können nicht nicht kommunizieren.

In meinem letzten Urlaub habe ich folgendes abschreckende Beispiel erlebt: Die Reiseleiterin züchtigte bei Störungen regelrecht ihre Gäste, indem sie ihren Vortrag einfach unterbrach und strafende Blicke verteilte. Die Gäste fühlten sich wie im Kindergarten, und mehr Toleranz wäre hier sicherlich angebracht gewesen. – So sollten Sie also keinesfalls vorgehen.

Kapitel 8
Informationen visualisieren

Was bringt Visualisierung?

Die Verständlichkeit einer Information hängt stark von deren Bildhaftigkeit ab. Je bildhafter eine Information dargeboten wird, umso leichter fällt es dem Zuschauer, die Information zu *verstehen* und zu *behalten*. Daher sollten Informationen stets anschaulich dargestellt werden.

»Ein Bild sagt mehr als tausend Worte.«

So heißt es in einem alten Sprichwort. Dies trifft gleichermaßen auf die Sprache zu, die Sie in Ihrem Vortrag wählen. Wenn es Ihnen nur darum geht, Ihren Stoff abzuarbeiten, können Sie zum Beispiel eine verwirrende Gliederung wählen. Wenn Sie dann noch viele Fremdwörter, unbekannte Ausdrücke und Abkürzungen verwenden, werden Ihre Zuhörer recht schnell ermüden und Ihrem Vortrag nicht mehr folgen.

Wählen Sie hingegen eine klare Struktur und tragen Ihren Vortrag mit einer bildhaften Sprache vor, so gelingt es Ihnen leichter, dass die Zuhörer bei gleichem Inhalt wach und aufmerksam bleiben. Denken Sie aber auch daran, dass Zahlen für die meisten Zuhörer keine bildhaften Informationen sind, daher sollte Sie Zahlen in Diagrammen bildhaft darstellen.

Zahlen bildhaft darstellen

Verwenden Sie Kurvendiagramme, wenn Sie einen zeitlichen Verlauf darstellen möchten.

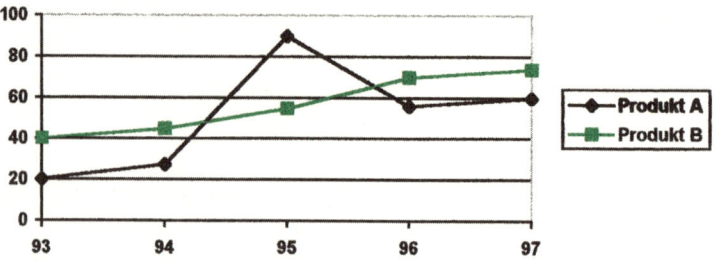

Verwenden Sie Säulen- und Balkendiagramme, um Größenverhältnisse darzustellen oder miteinander zu vergleichen!

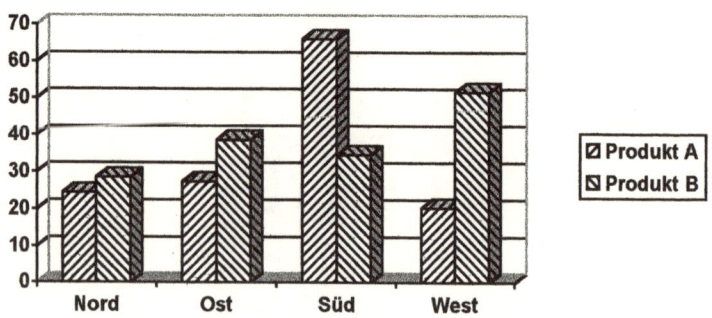

Prozentuale Anteile stellen Sie am besten in Kreisdiagrammen dar!
Die Anteile werden der Größe nach im Uhrzeigersinn geordnet.

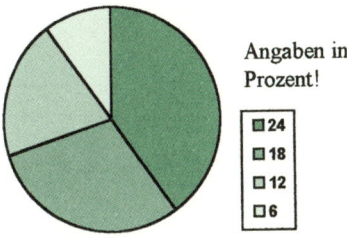

Angaben in
Prozent!

☑ 24
☐ 18
☐ 12
☐ 6

Welche Vorteile bietet eine Visualisierung?

● Leichteres Verstehen.
● Leichteres Behalten.
● Anschaulichkeit.
● Vereinfachung.
● Abwechslung.
● Weniger Missverständnisse.
● Mehrfachkodierung.
● Geringere Trainerdominanz.

Weitere Informationen zu diesem Thema finden Sie in den Büchern
»Präsentieren« und »Mit den Augen lernen« (s. Literaturverzeichnis).

Kapitel 9
Medienauswahl und -einsatz

Wie wähle ich das passende Medium aus?

Bei der Auswahl der Medien fragen Sie sich:

Welche Wirkung erziele ich mit diesem Medium?

Nicht unmittelbar verfügbare Medien können Sie meist ausleihen. Sie sollten sich dabei nur auf zuverlässige Partner verlassen und die Bestellung immer schriftlich tätigen. Selbst das kurzfristige Besorgen eines Verlängerungskabels ist für manche Veranstalter ein Problem, wenn Sie dieses nicht vorher ausdrücklich bestellt haben. Ich habe es selbst in einem großen und renommierten Hotel erlebt, dass die Technik von Fremdfirmen angemietet worden war. Im Hause selbst konnte niemand kurzfristig etwas besorgen.

Wählen Sie zu Ihrem Anlass passende Medien aus und überprüfen Sie rechtzeitig vorher, ob alles vorhanden ist und auch funktioniert.

In den nachfolgenden Abschnitten finden Sie die gängigsten Medien mit ihren Einsatzgebieten, Vor- und Nachteilen beschrieben.

Tafel

Die Tafel existiert entweder als Schiefertafel
oder als wieder abwischbare Weißwand-Tafel.
Meist ist diese in Schulungszentren und Be-
sprechungsräumen anzutreffen.

Einsatzgebiete
- Für Entwicklungen, bei denen Korrekturen zu erwarten sind.
- Erklärende Skizzen und Veranschaulichungen, zum Beispiel bei
  Verständnisschwierigkeiten.
- Zum Anschreiben neuer Ausdrücke, Fremdwörter, Namen.

Vorteile
- Große Fläche, leichte Handhabung.
- Änderungen leicht möglich.
- Spontan einsetzbar.
- Umweltfreundlich.
- Geht nicht so schnell kaputt.

Nachteile
- Sicht für maximal 20 Personen.
- Schnell voll geschrieben.
- Nicht abdeckbar, nicht mobil.
- Schlecht vorzubereiten.
- Kreide kann quietschen, Hände und Kleidung verschmutzen.

Tipps
- Lesbarkeit überprüfen.
- Schöne Schrift üben (Groß- und Kleinbuchstaben).
- Gliederung vorher überlegen.
- Eher für spontane Zwecke einsetzen.
- Nicht zur Tafel sprechen.
- Nur auf trockene Tafel schreiben.
- Spiegelungen überprüfen (Sonnenlicht).

Flipchart

Als Flipchart bezeichnet man eine Papiertafel mit Ständer und abreißbaren Blättern, die ungefähr 100 × 70 cm groß sind. Es gibt auch Flipcharts mit der Größe DIN A4 für den Tischgebrauch. Die Flipcharts sollten Sie mit verschiedenfarbigen Filzstiften beschreiben. Denn auch so können Sie die Übersichtlichkeit erhöhen.

Einsatzgebiete
● Sammeln von Beiträgen.
● Dokumentieren des Vortrags- bzw. Präsentationsverlaufs.
● Zum Arbeiten mit Plakaten.
● Zur Visualisierung von komplexen Inhalten.
● Zur Entwicklung einer Übung oder von Mindmaps.

Vorteile
● Schrittweises Entwickeln möglich.
● Kein technischer Aufwand nötig.
● Kann nicht abstürzen wie beispielsweise ein PC.
● Einfache Handhabung, leicht zu transportieren.
● Beschriebene Blätter können im Raum aufgehängt werden.
● Spontan einsetzbar, kostengünstig, geringer Platzbedarf.

Nachteile
● Kein Blickkontakt zu den Zuhörern beim Aufschreiben.
● Änderungen nicht möglich, kann nicht kopiert werden.
● Schrift sollte schön sein, könnte unprofessionell wirken.
● Nur bei kleiner Gruppe verwendbar.

Tipps
● Farbige Darstellung erleichtert die Übersichtlichkeit.
● Druckbuchstaben, Klein- und Großbuchstaben verwenden.
● Große Schriftgröße nehmen.
● Blätter können fertig oder mit Bleistift vorbereitet sein.
● Blätter für alle sichtbar aufhängen.

Pinnwand

Eine Pinnwand ist ein vielfältiges Arbeitsmedium. Sie besteht aus einer Hartfaserplatte, die von zwei Füßen getragen wird. Mit Stecknadeln werden auf ihr Papierbogen, Kärtchen, Symbole, Zeitungsausschnitte etc. befestigt.

Einsatzgebiete
- Sammeln von Ideen, Vorschlägen, Wünschen etc.
- Zum Ordnen und Gewichten.
- Zum Merken.

Vorteile
- Große Arbeitsfläche.
- Schrittweises Entwickeln möglich.
- Als ein großes Flipchart einsetzbar.
- Karten können vorbereitet werden.
- Vorgefertigte Karten sind immer wieder verwendbar.
- Kein technischer Aufwand.
- Kein Perfektionszwang.
- Änderungen leicht durchführbar.
- Aktiviert die Zuhörer.

Nachteile
- Nicht oder nur mit großem Aufwand zu vervielfältigen.
- Sperrig und meist schwer zu transportieren.

Tipps
- Vor der Benutzung mit Packpapier bespannen.
- Verschiedene Farben gezielt einsetzen.
- Pro Karte nur eine Bedeutung.
- Besonders gut zum Sammeln verschiedener Ideen.
- Keine Karten ignorieren.
- Eigene Karten vorher beschriften.

Overhead-Projektor

Der Overhead-Projektor ist zurzeit wohl das am meisten verwendete Medium. Sie können entweder auf einer Rollfolie mit verschiedenfarbigen Stiften schreiben oder vorbereitete Folien verwenden.

Einsatzgebiete
● Zur Unterstützung eines Vortrages.
● Als Leitfaden für den Vortrag.

Vorteile
● Referent kann den Blickkontakt mit dem Publikum halten.
● Folien können vorbereitet werden.
● Folien können während des Vortrages beschriftet werden.
● Visualisierungen können spontan erstellt werden.
● Folien immer wieder verwendbar.
● Folienteile können abgedeckt werden.
● Kopierbar.

Nachteile
● Overhead muss verfügbar und funktionsfähig sein.
● Birne kann kaputtgehen.
● Lange Folienschlachten können Publikum langweilen.
● Referent sitzt oft nur am Platz – wenig Körpersprache.
● Farben können durch den Projektor stark verändert werden.

Tipps
● Ersatzbirne einpacken.
● Farben der fertigen Folien auf dem Projektor überprüfen.
● Pro Folie nur ein Thema.
● In Druckbuchstaben schreiben.
● Nur wenige Folien einsetzen.
● Keine »Wandzeitung« erstellen, Schriftgröße mindestens 24 Pkt.
● Auf Overhead-Projektor schauen, nicht zur Wand!
● Blickkontakt mit dem Publikum halten.

Laptop

Laptop-Präsentationen zählen in der Industrie bereits zum Standard. Das am häufigsten verwendete Programm ist Power-Point.

Einsatzgebiete
● Professionelle Firmen- oder Produktpräsentationen.
● Imagepräsentationen.

Vorteile
● Wirkt am professionellsten von allen Medien.
● Computerfolien dienen als Leitfaden.
● Multimedia möglich, Sound, animierte Bilder, Videosequenzen.

Nachteile
● Laptop und passender LCD-Beamer müssen vorhanden sein.
● Programm kann abstürzen.
● Geräte müssen teilweise aufeinander abgestimmt werden.
● Zuhörer können immer passiver werden.
● Besondere Effekte können den Inhalt übertreffen.
● Farben können auf dem Bildschirm anders erscheinen als an der Projektionswand.
● Der Aufwand für die erste Präsentation ist recht groß.

Tipps
● Unbedingt rechtzeitig vor der Präsentation anwesend sein und die Technik überprüfen bzw. aufeinander abstimmen.
● Ersatzfolien mitnehmen, falls Technik ausfällt.
● Funkmaus verwenden, damit Sie im Raum flexibel sind.
● Mental auf Pannen vorbereitet sein und diese mit relativer Ruhe wahrnehmen. Ersatzkabel mitnehmen.
● Farben auf der Leinwand und die Lichtverhältnisse überprüfen.
● Sich mit Präsentationsprogramm vertraut machen, um einfache Änderungen selbst erledigen zu können.
● Einheitliches Layout verwenden, Effekte gemäßigt einsetzen.

Tipps zur Gestaltung von Folien

Bei der Gestaltung von Folien für den Overhead-Projektor und auch für das Layout im Laptop sind folgende Punkte zu beachten:

- Pro Folie nur ein Thema verwenden.
- Nur wenige Informationen geben, zum Beispiel drei anstatt acht Argumente.
- Stichwörter formulieren anstelle von ganzen Sätzen.
- Pro Folie maximal sieben Zeilen.
- Sofort erfassbare Zeichnungen einsetzen.
- Hellen Hintergrund und kräftige Farben verwenden.
- In Druckbuchstaben schreiben.
- An die ausreichende Schriftgröße (ca. 24 Pkt.) denken.
- S p e r r u n g e n   v e r m e i d e n .
- GROSSBUCHSTABEN SIND NICHT SO GUT LESBAR wie normale Schrift.
- Kopien von Texten oder Buchseiten vermeiden.
- Schriften nicht mit Raster unterlegen.

Unterlagen

Wenn Sie Unterlagen einsetzen möchten, sollten Sie vorher festlegen, welches Ziel Sie mit den Unterlagen verfolgen möchten:

- Informieren.
- Behalten und Verstehen fördern.
- Aktivieren.
- Orientieren.
- Motivieren.
- Nachbereiten ermöglichen.

Die Unterlagen sollten an das anknüpfen, was Sie in dem Vortrag gesagt haben. Wenn Sie Folien verwendet haben, so können Sie diese als verkleinerte Kopien den Zuhörern mitgeben. Ergänzen Sie die Folien mit den verbal übermittelten Informationen, die für den Zuhörer wichtig sind. Ihre Unterlagen sollten nach den obigen Gesichtspunkten ausgerichtet sein.

Ausklang

Zum Ende dieses Buches möchte ich Ihnen noch einige Tipps, Zitate, eine Beispielrede sowie Kopiervorlagen an die Hand geben. Ich hoffe, dass Sie Ihren Zielen durch das Buch ein Stück näher gekommen sind. Sollten Sie noch Fragen haben, können Sie sich gerne an mich wenden.

Ratschläge für den schlechten Redner
(frei nach Kurt Tucholsky)

- **Fang nie mit dem Anfang an, sondern immer drei Meilen vor dem Anfang!**
  Kündige an, über was du gleich reden willst. Der Anfang vor dem Anfang. Komm nicht zu schnell zum Punkt. Die Einleitung sollte mindestens 60 Prozent der Redezeit betragen. Immer schön umständlich! Dies kann folgendermaßen geschehen: »Meine Damen und Herren! Bevor ich zum Thema des heutigen Abends komme, lassen Sie mich Ihnen kurz …!«
- **Sei steif und nicht freundlich!**
  Die Zuhörer sollen an ihre Schulzeit erinnert werden. Als Redner bist du die Autorität. Deine Zuhörer müssen horchen und gehorchen. Ein Vortrag ist kein Spaß. Es geht schließlich um ernste Sachen.
- **Sei perfekt!**
  Es darf dir nicht der kleinste Fehler unterlaufen. Die Zuhörer wollen einen perfekten Roboter und nicht einen natürlichen Menschen.

- **Entschuldige dich so oft wie möglich!**
  Am besten fängst du deine Rede gleich mit einer Entschuldigung
  an. Etwa so: »Entschuldigen Sie, dass ich Ihnen jetzt Ihre wertvolle Zeit mit meiner Rede stehle.« Entschuldige dich am besten
  auch dafür, dass kein anderer Redner zu finden war. Sei unter-
  würfig und bitte subtil um Abwertungen und geistige Schläge.

- **Sei unruhig und nervös!**
  Du solltest auch immer in Bewegung sein. Manche Redner schaffen es, sechs Kilometer in einem Vortrag zu laufen. Laufe immer
  hin und her, dass die Zuschauer kaum folgen können. Wenn du
  stehst, so wechsele ständig das Standbein.

- **Bändige deine Hände!**
  Verstecke deine Hände entweder hinter dem Rücken oder in den
  Hosentaschen, dann weißt du wenigstens, wo sie sind. Du kannst
  auch die Arme verschränken, dies verhindert unnötige Gestik.
  Am besten versteckst du dich ganz hinter einem Rednerpult, so-
  dass nur noch die obere Hälfte deines Gesichtes zu sehen ist.

- **Spreche in langen verschachtelten Sätzen!**
  Ein Satz sollte mindestens über 14 Zeilen deines Manuskriptes
  gehen und aus nicht weniger als fünf Nebensätzen bestehen.
  Jeder Satz sollte über drei Minuten Sprechzeit dauern.

- **Spreche nicht frei!**
  Lese deine Rede Wort für Wort ab. Halte keinen Blickkontakt,
  sondern konzentriere dich hauptsächlich auf dein Skript. Du
  brauchst auch nicht alle paar Sätze hochzuschauen, die Zuhörer
  bleiben schon sitzen.

- **Halte einen Monolog, keinen Dialog!**
  Das Motto einer Rede heißt: »Leise rieselt der Stoff!«, oder auch:
  »Alles schläft – einer spricht, so was nennt man Unterricht!«
  Kümmere dich nicht darum, ob das, was du sagst, auch wirklich
  ankommt. Das ist nicht dein Problem.

- **Mache keine Pausen!**
  Jetzt bist du an der Reihe. Das ist deine Gelegenheit – missbrau-
  che sie! Eine Rede unter 120 Minuten ist keine Rede, sondern
  bloß eine Bemerkung.

- **Drücke dich kompliziert aus!**
  Verschachtele deine Aussagen in Nebensätze. Nicht so einfach wie: »Die Steuern sind zu hoch!« Sondern: »Ich möchte zu dem, was ich eben gerade gesagt habe, noch kurz bemerken, dass ich unter anderem, wie auch bereits beiläufig einmal erwähnt, der Meinung bin, dass die Steuern zu hoch sind.«

- **Erschlage deine Zuhörer mit voll bepackten Folien!**
  Die Wand sollte zur Wandzeitung werden. Schreibe in kleiner Schrift die Folien voll. Die Hinteren sollen sich anstrengen, sie hätten auch früher kommen können. Wer zu spät kommt, den bestraft das Leben. Rede, während du Folien auflegst. Verwirre die Leute, damit sie nicht mehr wissen, wo sie hinschauen sollen.

- **Lege mindestens sechs Folien pro Minute auf!**
  Die Leute sind in einem Vortrag und nicht im Kindergarten. Pro Folie zehn Sekunden, das muss einfach ausreichen. Ein Folienvortrag sollte so sein wie ein Film – drum bewege die Folien schnell und hektisch.

- **Wenn du einen Witz machst, lache bereits vorher laut!**
  So wissen alle, wann die Pointe kommt. Lache selbst am lautesten. Schaue die, die nicht mitlachen, böse und vernichtend an, bis sie auch zwanghaft mitlachen, dies steigert die Stimmung der Gruppe.

- **Ziehe das Ende endlos in die Länge!**
  Die Zuhörer wollen nach einer endlosen Rede kein konkretes Ende. Kündige das Ende mindestens fünfmal an. So erzeugst du bereits vor dem wirklichen Ende die notwendige Aufbruchstimmung. Deine Zuhörer müssen langsam aufwachen, deshalb ist ein langatmiges Ende wichtig.

> **Ein guter Redner macht es genau umgekehrt!**
> **Sie sollten die Verantwortung dafür übernehmen, ob das, was Sie sagen, auch wirklich ankommt.**
> **Reden Sie für Ihr Publikum und nicht zur Selbstdarstellung.**

Zitate

Sie können Ihre Rede mit Zitaten würzen. Übertreiben Sie aber nicht, sonst verlieren die Zitate ihre Wirkung. Bitte achten Sie darauf, dass Sie die Zitate wortgetreu nennen. Sie können ein Zitat auch ganz bewusst vom Blatt ablesen. Nachfolgend finden Sie eine Auswahl von Zitaten alphabetisch nach Bereichen geordnet.

- **Aktie.** »Gehen Sie an die Börse und stecken Sie Ihr Geld in Aktien. Dazu kaufen Sie sich in einer Apotheke eine große Dosis Schlaftabletten. Nach vier Jahren wachen Sie als reicher Mann auf.« (André Kostolany)
- **Alter.** »Altersweisheit gibt es nicht. Wenn man altert, wird man nicht weise, nur vorsichtig.« (Ernest Hemingway) »Erst wenn ein Anzug abgetragen ist, beginnt seine Glanzzeit.« (Heinz Rühmann)
- **Angst.** Frage: »Wovor haben Sie Angst?« Antwort: »Vor meiner eigenen Dummheit.« (Gilles Peress)
- **Arbeit.** »Das Fleisch im Hamburger des Lebens.« (Ray Kroc) »Wir arbeiten nicht nur, um etwas zu produzieren, sondern auch um der Zeit einen Wert zu geben.« (Eugene Delacroix) »Ich bin, was ich bin, weil ich getan habe, was ich getan habe.« (Elia Kazan)
- **Ärger.** »Wer sich über irgendetwas eine Minute lang ärgert, sollte bedenken, dass er dadurch 60 Sekunden Fröhlichkeit verliert.« (Robert Stolz)
- **Aufgabe.** »Die Aufgabe, die Sie mir übertragen wollen, ist so schwierig, dass ich nicht wage, sie abzulehnen.« (Ernest Starling)
- **Bildung.** »Gebildet ist, wer Parallelen sieht, wo andere völlig Neues erblicken.« (Anton Graff)
- **Blume.** »Die Blumen machen den Garten, nicht der Zaun.« (Dt. Sprichwort)
- **Denken.** »Die Praxis sollte das Ergebnis des Nachdenkens sein, nicht umgekehrt.« (Hermann Hesse) »Nur die Dummen haben sofort eine Überzeugung fertig.« (Michel de Montaigne)

- **Deutschland.** »Es ist kein Traumland, aber ein Ort, wo man seine Träume erfüllen kann.« (Arawat Sabejew) »Wenn es ernst wird, wenn es also darum geht, neue Chancen zu nutzen und neue Wege zu erproben, dann stehen in Deutschland die Bedenkenträger an vorderster Front.« (Gunhild Freese)

- **Ehe.** »Meine Heimat ist meine Frau. Da, wo sie lebt, möchte ich sein.« (Peter Alexander) »Man ist glücklich verheiratet, wenn man lieber heimkommt, als fortgeht.« (Heinz Rühmann)

- **Erfolg.** »Man muss in einer Branche nicht der Erste sein, aber origineller als die anderen.« (Paul Gauselmann) »Was bedeutet schon Geld? Ein Mensch ist erfolgreich, wenn er zwischen Aufstehen und Schlafengehen das tut, was ihm gefällt.« (Bob Dylan) »Wichtiger als der richtige Weg ist die richtige Richtung.« (Stefan Persson)

- **Essen und Trinken.** »Essen und Trinken sind wie Frau und Mann: von Geburt an füreinander bestimmt, doch deswegen noch lange nicht beliebig kombinierbar.« (August F. Winkler)

- **Europa.** »Wenn aus dem Auspuff eines Autos so wenig herauskäme wie aus dem EU-Ministerrat, wäre die Welt in Ordnung.« (Siegbert Alber) »Die Einheit Europas war ein Traum weniger. Sie wurde eine Hoffnung für viele. Sie ist heute eine Notwendigkeit für alle.« (Konrad Adenauer)

- **Fehler.** »Es irrt der Mensch, solang er strebt.« (Johann Wolfgang von Goethe) »Wenn wir keine Fehler machen, heißt das, dass wir nicht genug neue Dinge ausprobieren.« (Phil Knight)

- **Forschung.** »Die beste Weise, Fische zu beobachten, besteht darin, selber zum Fisch zu werden.« (Jacques-Yves Cousteau)

- **Fremdsprache.** »Wenn ich daran denke, dass Asterix in 72 Sprachen übersetzt wurde, und ich spreche nur eine einzige, da bekomme ich doch richtige Komplexe.« (Albert Uderzo)

- **Freunde.** »Ich kann nicht sagen, was ein Freund ist. Ich weiß nur eins: Oben hat man viele, in der Mitte wenige und unten – keine.« (Niki Lauda)

- **Führungskraft.** »Wer selbst nicht brennt, kann andere nicht entflammen.« (Günter Kraut)

- **Fünfzig.** »Ich bin im Moment voll auf der Höhe der Jugend. Alle Dreißigjährigen tun mir wirklich Leid.« (David Bowie, 1996)
- **Fußball.** »Erfolgsrezept: Flach spielen, hoch gewinnen.« (Franz Beckenbauer)
- **Geld.** »Das Schöne am Kapitalismus ist das Geld.« (Henning Krumrey)
- **Gefahr.** »Wenn du eine Gefahr siehst, dann greife zum Schwert und versperre ihr den Weg. Dann kneift die Gefahr den Schwanz ein. Sie verträgt keinen geraden Blick.« (Alexander Lebed)
- **Gegner.** »Wenn du deinen größten Gegner verlierst, verlierst du auch einen Teil deiner selbst.« (John McEnroe über Björn Borg)
- **Gipfel.** »Die Spitze des Berges ist nur ein Umkehrpunkt.« (Reinhold Messner)
- **Glaube.** »Ich fände es Angst einflößend, wenn ich wüsste, dass die materielle Welt, in der wir leben, schon alles ist.« (Madonna)
- **Glück.** »Das Glück ist verschwenderisch, aber unbeständig.« (Demokrit) »Lieber ein kleines Häuschen mit behaglicher Stube, als zehn düstere Paläste.« (Aus Ägypten)
- **Heimat.** »... der Ort, wo sie einen hereinlassen müssen, wenn man wiederkommt.« (Robert Lee Frost)
- **Hilfe.** »Lass dir aus dem Wasser helfen, oder du wirst ertrinken!, sprach der Affe und setzte den Fisch sicher auf den Baum.« (Susanne E. Dietrich)
- **Humor.** »Wer keinen Sinn für Humor hat, wird in diesem Land nie irgendetwas erreichen.« (David Letterman)
- **Idee.** »Wer eine Idee hat, dem reicht auch der Küchentisch.« (Jerry Auerswald)
- **Innovation.** »Den lieb ich, der Unmögliches begehrt.« (Johann Wolfgang von Goethe) »Bill Gates wäre in Deutschland allein deshalb gescheitert, weil nach der Baunutzungsordnung in einer Garage keine Fenster drin sein dürfen.« (Jürgen Rüttgers)
- **Instinkt.** »Ich glaube, dass es Instinkt ist, was das Genie genial macht.« (Bob Dylan)
- **Internet.** »Lesen Sie schnell, denn nichts ist beständiger, als der Wandel im Internet.« (Anita Berres)

- **Jugend.** »Deutschlands wertvollster Rohstoff ist nachwachsend: Es sind die jungen Leute.« (Jürgen Rüttgers)
- **Kampfgeist.** »Wir kämpfen, bis die Hölle zufriert. Und dann kämpfen wir auf dem Eis weiter.« (Patrick Buchanan)
- **Konkurrenz.** »Lauf dein eigenes Rennen.« (Tom Tellez)
- **Können.** »Stell dir vor, es geht, und keiner kriegts hin.« (Wolfgang Neuß)
- **Können und Wollen.** »Wer nicht kann, was er will, muss wollen, was er kann.« (Leonardo da Vinci)
- **Kritik.** »Besser kritisiert als ignoriert. Ich kann wunderbar leben mit schlechter Kritik.« (Frank Farian)
- **Kundendienst.** »Wir sind schon ein merkwürdiges Volk, wenn wir mit Freude Maschinen bedienen, aber jedes Lächeln gefriert, wenn es sich um die Bedienung von Menschen handelt.« (Roman Herzog)
- **Lachen.** »Lachen braucht weniger Energie als ein ernstes Gesicht.« (Anton Gunzinger)
- **Leben.** »Leben ist Chaos. Das sollte man genießen.« (John Lydon) »Man muss sein Leben aus dem Holz schnitzen, das man zur Verfügung hat.« (Theodor Storm)
- **Liebe.** »Mir ist auf der Straße ein sehr armer junger Mann begegnet, der verliebt war. Sein Hut war alt, sein Mantel abgetragen, Wasser rann durch seine Schuhe. Aber Sterne zogen durch seine Seele.« (Victor Hugo)
- **Lüge.** »Du darfst dich nie verbiegen, jede Lüge springt dir irgendwann ins Gesicht.« (Campino)
- **Manager.** »Bei Erfolgreichen in der Wirtschaft darf man nicht von einem hohen IQ ausgehen – der hindert an der Tat.« (Heinz Dürr)
- **Management.** »Das Management ist die schöpferischste aller Künste. Es ist die Kunst, Talente richtig einzusetzen.« (Robert S. McNamara)
- **Meinungsforscher.** »An drei Dinge glaube ich nicht: Kalorien, Vitamine und Demoskopie.« (Roman Herzog)

- **Mitarbeiterauswahl.** »Ein gescheiter Mann muss so gescheit sein, Leute einzustellen, die viel gescheiter sind als er.« (John F. Kennedy)
  »Die richtigen Leute einzustellen ist das Beste, was ein Manager tun kann.« (Lee Iacocca)
- **Motivation.** »Diese Einstellung, immer die Schlappohren hängen zu lassen, muss aufhören.« (Uwe Seeler)
- **Müdigkeit.** »Müde macht uns die Arbeit, die wir liegen lassen, nicht die, die wir tun.« (Marie von Ebner-Eschenbach)
- **Optimist.** »Langfristig mag der Pessimist recht bekommen, aber der Optimist hat bis dahin die vergnüglichere Reise.« (Daniel Reardon)
  »Der Pessimist beklagt den Riss in der Hose, der Optimist freut sich über den Luftzug.« (Unbekannt)
- **Parfüm.** »Ich brauche kein Duftwässerchen, denn ich bin selbst eine dufte Persönlichkeit.« (Ron Sommer)
- **Plan.** »Vor der Planung ist das Hirn einzuschalten und nicht nur der Rechner.« (Werner.L. Hetterich)
- **Politiker.** »Die Politiker in Deutschland stehen zurzeit in einem großen Verdrängungswettbewerb. Allerdings nicht untereinander – sie verdrängen gemeinsam die Realität.« (Lothar Späth)
- **Popularität.** »Wer die bessere Einsicht hat, darf sich nicht scheuen, unpopulär zu werden.« (Winston Churchill)
- **Positives Denken.** »Jeder Mensch hat seine guten Seiten. Man muss nur die schlechten umblättern.« (Ernst Jünger)
- **Präsentation.** »Der Anfang prägt, das Ende haftet!« (Wilfried Possin)
- **Qualität.** »Wenn man im Leben mit dem Zweitbesten vorlieb nimmt, dann erreicht man immer wieder nur das Zweitbeste.« (John F. Kennedy) »Nur wenn man das kleinste Detail im Griff hat, kann man präzise arbeiten.« (Niki Lauda)
- **Qualitätsmanagement.** »Wir möchten erreichen, dass die Kunden zurückkommen und nicht die Produkte!« (Hubert Neumeier)

- **Rechtschreibung.** »Mir, der ich selten geschrieben, was ich zum Druck beförderte, und, weil ich diktierte, mich dazu verschiedener Hände bedienen musste, war die konsequente Rechtschreibung immer ziemlich gleichgültig. Wie dieses oder jenes Wort geschrieben wird, darauf kommt es doch eigentlich nicht an; sondern darauf, dass die Leser verstehen, was man damit sagen wollte.« (Johann Wolfgang von Goethe)
- **Reden.** »Ein Redner kann sehr gut informiert sein, aber wenn er sich nicht genau überlegt hat, was er heute diesem Publikum mitteilen will, dann sollte er darauf verzichten, die wertvolle Zeit anderer Leute in Anspruch zu nehmen.« (Lee Iacocca)
- **Reife.** »Das Kennzeichen des unreifen Menschen ist, dass er nobel für eine Sache sterben will, während der reife Mensch bescheiden für eine Sache lebt.« (Jerome D. Salinger)
- **Risiko – Kapital.** »Es darf nicht sein, dass man für eine pfiffige Idee keinen Kredit bekommt, wohl aber für das Grundstück seiner Großmutter.« (Jürgen Rüttgers)
- **Schönheit.** »Auch die schönste Frau ist an den Füßen zu Ende.« (Unbekannt)
- **Schweiz.** »In der Schweiz ist übrigens alles schöner und besser.« (Adolf Muschg)
- **Stolz.** »Die Tschetschenen beugen ihre Köpfe nur, wenn sie arbeiten.« (Dschochar Dudajew)
- **Tatkraft.** »Lieber Staub aufwirbeln, als Staub ansetzen.« (Hubert Burda) »Man muss die Dinge nehmen wie sie kommen. Und wenn sie nicht kommen, muss man ihnen entgegengehen.« (Aus Finnland)
- **Team.** »Diese Mannschaft ist wunderbar. Wir lieben uns alle so sehr. Wir sollten heiraten.« (Oliver Bierhoff)
- **Technik.** »Es genügt nicht, dass Technik gut funktioniert. Sie muss auch in die Welt passen.« (Gero von Randow)
- **Tempo.** »Die Fähigkeit, schneller zu lernen als die Konkurrenz, ist vielleicht der einzige wirkliche Wettbewerbsvorteil.« (Arie De Geus)

- **Theorie und Praxis.** »Gibt es einen Unterschied zwischen Theorie und Praxis? Es gibt ihn. In der Tat.« (Werner Mitsch)
- **Toleranz.** »Schlagt eure Zelte weit voneinander auf, aber nähert eure Herzen.« (Aus dem Arabischen)
- **Traum.** »Wenn du den Leuten ihre Träume nimmst, sind sie tot.« (Al Lewis) »Ich träume, hoffentlich weckt mich niemand.« (Alexander Radulescu)
- **Tugend.** »Man sollte es nicht für möglich halten, aber auch die Tugenden müssen ihre Grenzen haben.« (Immanuel Kant)
- **Unabhängigkeit.** »Nicht reich muss man sein, sondern unabhängig.« (André Kostolany)
- **Unternehmen.** »Ein Unternehmen ist kein Zustand, sondern ein Prozess.« (Ludwig Bölkow) »Ein Unternehmen ist sozial, wenn es Gewinne macht.« (Heinz Dürr)
- **Unzufriedenheit.** »Unzufriedenheit ist der erste Schritt zum Erfolg.« (Oscar Wilde)
- **Verantwortung.** »Ich bin der Trainer und nicht Pontius Pilatus.« (Giovanni Trapattoni)
- **Veränderung.** »Nie wissen wir genau, ob etwas besser wird, wenn wir es verändern. Wir wissen aber sehr wohl, dass wir verändern müssen, wenn wir verbessern wollen.« (Josef Schmidt)
- **Vision.** »Man muss nach den Sternen greifen, wenn man die Wolken erreichen will.« (Wim Thoelke)
- **Wohlstand.** »Wohlstand ist nur ein Werkzeug, das man benutzen, und kein Götze, den man anbeten sollte.« (Calvin Coolidge)
- **Wille.** »Des Menschen Wille ist sein Glück.« (Friedrich von Schiller)
- **Zeit.** »Der eine wartet, dass die Zeit sich wandelt, der andre packt sie kräftig an und handelt.« (Dante) »Die Zeit verwandelt uns nicht. Sie entfaltet uns nur.« (Max Frisch)
- **Zukunft.** »Am liebsten erinnere ich mich an die Zukunft.« (Salvador Dali) »… die Zeit, in der du bereust, dass du das, was du heute tun kannst, nicht getan hast.« (Aus den USA) »Die Zukunft kann man nicht im Rückspiegel sehen.« (Peter Lynch)

Beispielrede

Als Beispiel finden Sie nachfolgend Auszüge aus einer Rede von Roman Herzog. Das Besondere an dieser Rede ist nicht nur die schöne Ausdrucksweise von Herrn Herzog, sondern die Tatsache, dass es eine Rede über die Rhetorik ist. Sie können sich aus dieser Rede einen Stichwortzettel erstellen und dann den gleichen Inhalt mit Ihren eigenen Worten vortragen. Versuchen Sie es doch einfach einmal.

Meine Damen und Herren,

ich gratuliere zunächst einmal zum Doppeljubiläum. Seit 500 Jahren gibt es Rhetorik in Tübingen und seit 30 Jahren das Seminar für Allgemeine Rhetorik. Eine deutsche Singularität, auf die man hier, wie ich als Tübinger Honorarprofessor weiß, so stolz ist wie auf viele andere Einmaligkeiten am Neckar. Die Rhetorik ist die älteste Kommunikationswissenschaft der Welt. (...)

Meine Absicht ist es aber nicht, ihren vielen philosophischen, historischen oder philologischen Deutungen eine weitere zur Seite zu stellen. Ich möchte zum Thema Rhetorik und Demokratie vielmehr in sehr pragmatischer und politischer Absicht sprechen. (...)

Demokratie und Rhetorik sind ganz allgemein aufeinander angewiesen. Beredsamkeit ohne Demokratie ist entweder, von unten gesehen, mit Gefängnis- oder gar Lebensgefahr verbunden, oder sie erschöpft sich, von oben gesehen, in Lobhudelei, Vernebelung und Propaganda. Gewiss kann es auch in anderen Staatsformen faire Unterrichtung und offenes Werben um die Zustimmung der Betroffenen geben, aber Demokratie ohne Rede und Gegenrede, und das bedeutet ja Demokratie ohne Rhetorik, wäre eine reine Gespensterveranstaltung, in der allein noch nach Logos, Lobbymacht und dem Image von Personen entschieden würde. (...)

Auf das Instrument der Rede sind aber in einer Demokratie alle angewiesen, und damit sind wir zunächst einmal beim Wert der Rhetorik als solcher. Wir sind von Rhetorik umgeben, im politischen Leben, in der Werbung, aber auch im privatesten Bereich, und sei es auch nur, dass es darum geht, wohin man mit seinem Partner in Urlaub fahren soll.

Obwohl Beredsamkeit also allgegenwärtig und überall notwendig ist, wo es um offene Fragen geht, misstrauen wir ihr. Ich verschiebe jetzt erst einmal die Frage nach dem spezifisch deutschen Misstrauen gegen Rhetorik, das sich aus der Erfahrung der maßlosen Propaganda des Dritten Reiches bis heute erhalten hat.

Die Rhetorik sah sich von allem Anfang an Misstrauen und Feindschaft ausgesetzt. Schon in ihrer ersten Blütezeit, in Athen, formulierte Sokrates, der Gegner der Profi-Redekünstler (also der Sophisten), den bis heute konstant wiederholten Verdacht, dass die Redekünstler im Tiefsten unmoralisch handelten, weil sie durch angelernte Techniken die schwächere Sache zur stärkeren machten und somit der Lüge und Täuschung schuldig seien. Schon ganz zu Beginn wird also der schwerwiegendste Verdacht gegen rhetorische Technik ausgesprochen: Wer sich in öffentlichen oder auch privaten Äußerungen rhetorischer Künste bedient, steht bald im Ruf, unwahrhaftig zu sein, das heißt, nicht der schlichten Wahrheit die Ehre zu geben. Auch auf diesen Verdacht werde ich noch zurückkommen. An dieser Stelle nur so viel: Wer auch nur einen einzigen sokratischen Dialog gelesen hat, der weiß, mit welchen feinen und kalkulierten rhetorischen Mitteln auch Sokrates (oder sein Autor Platon) zu arbeiten in der Lage war. Auch die Bekämpfung der Rhetorik ist also noch einmal eine rhetorische Kunst. (…)

Machen wir von diesen biblischen, patriarchalen Zeiten einen Sprung in die demokratische Gegenwart. Ich möchte auf ein mir ebenfalls sehr wichtiges Thema zu sprechen kommen, das mit der Rolle der Rhetorik in der Demokratie zusammenhängt. Eine offene Gesellschaft, für die ich immer wieder plädiere, ist auf Transparenz angewiesen, vor allem auf die Transparenz der unterschiedlichen Wissensbereiche.

Es ist nicht rückgängig zu machen, dass sich das Wissen in immer mehr Sachbereiche ausdifferenziert. Es ist aber für eine offene und demokratische Gesellschaft höchst gefährlich, wenn sich die unterschiedlichen Wissenschaften so sehr in ihren eigenen Sprachspielen verstricken, dass sie schon deshalb nicht mehr miteinander diskutieren können, weil sie sich nicht mehr verstehen. In den komplexen Entscheidungen, die wir immer wieder in unserem Gemeinwesen treffen müssen, ist es aber nicht möglich, auf Zusammenarbeit zu verzichten. Viele Blockaden in unseren augenblicklichen Debatten sind im ungenügenden gegenseitigen Verstehen begründet.

Aber ich will noch einen Schritt weitergehen. In einer offenen Gesellschaft müssen sich nicht nur die jeweiligen Experten verstehen. Es kommt vielmehr entscheidend darauf an, die Probleme so darzustellen, dass auch eine interessierte Öffentlichkeit darüber sachgerecht mitreden und entscheiden kann.

Der Kampf gegen Expertokratie beginnt mit dem Gewinn der rhetorischen Kompetenz, mit sachgerechter Beredsamkeit. Damit ist nicht zuerst die Fähigkeit zum Überzeugen anderer gemeint, sondern die Fähigkeit, einen Sachverhalt oder ein Problem so darzustellen, dass sie für nicht Eingeweihte überhaupt verständlich werden.

Das hört sich banal an, ist es aber nicht. In einem Land, in dem eine schwer verständliche Fachsprache immer noch als Ausweis wissenschaftlicher Könnerschaft gilt, in dem das Beherrschen unverständlicher Jargons wie eine rituelle Einweihung erlebt wird, wird gesellschaftliche Verständigung mehr und mehr unmöglich. (…)

Ich möchte noch einmal deutlich sagen, dass es sich hier um ein gesellschaftliches Erfordernis ersten Ranges handelt. Wir stehen vor einem Paradox: Einerseits beschreiben wir uns selbst als Kommunikationsgesellschaft, andererseits sind immer weniger Menschen in der Lage, verständlich zu kommunizieren. Es ist ja manchmal geradezu eine Strafe, Wissenschaftlern, Experten, aber auch Politikern, die sich öffentlich äußern, zuzuhören.

Dabei sind es zunehmend zentrale Bereiche in Wissenschaft und Politik, die, so schwierig und komplex sie sind, einer möglichst breiten Öffentlichkeit verständlich gemacht werden müssen.

Ich nenne nur zwei Beispiele, die alle angehen, aber, wie ich vermute, nur von den Wenigsten verstanden werden. Alles, was mit Gentechnologie zusammenhängt, wird unser Leben revolutionieren können. Von der Ernährung über die Heilung von Krankheiten bis hin zur Erzeugung von Leben oder gar neuen Lebensformen sind existenzielle Bereiche unseres persönlichen Lebens betroffen. Hier fehlt sachgemäße und umfassende Aufklärung. Stattdessen haben wir auf der einen Seite einen schablonierten Angst- oder Empörungsdiskurs und auf der anderen Seite einen ebenso schablonierten Innovationsdiskurs. Beide, so hat man den deprimierenden Eindruck, wissen nicht, wovon sie reden.

Das liegt, und deswegen gehört das zu unserem Thema, u.a. daran, dass die Wissenschaftler oft überhaupt nicht öffentlich reden oder doch keine Sprache haben, die verstanden wird, und dass die, die sich äußern, häufig keine Ahnung von der Sache haben. Für das demokratische Gemeinwesen ist das gefährlich, weil die Gesellschaft aus Sprachlosigkeit um die Möglichkeit gebracht wird, eine sachgerechte Debatte zu führen und sachgerecht zu entscheiden.

Ebenso verhält es sich oft im politischen Bereich. Ich möchte zum Beispiel gern wissen, wer von Ihnen eine präzise und gründliche Argumentation für oder gegen den Euro kennt. Was wir kennen, sind die beiden Minidiskurse, die für den Fall des Ausbleibens des Euro oder für den Fall seiner Einführung katastrophale Konsequenzen oder umgekehrt das alleinige Heil voraussagen. Wenn politische Beredsamkeit gerade in diesem Fall für Aufklärung und Transparenz gesorgt hätte, wäre der Öffentlichkeit manche Unruhe erspart geblieben, die vor allem von Unsicherheit erzeugt wird.

Wir brauchen deshalb, wo auch immer, Unterricht in theoretischen rhetorischen Grundkenntnissen (wie sie früher wenigstens in Umrissen der Unterricht der alten Sprachen vermittelte), aber auch konkrete Übungen in schriftlicher und mündlicher Beredsamkeit. Mein Idealbild ist dabei keineswegs der Redner oder die Rednerin, die auf der Rostra die überwältigende Rede an die Volksversammlung halten. Das ist nicht nur anachronistisch, sondern auch überflüssig. Ich wünsche mir nur, dass die heute so überreich vorhandenen Kommunikationsmöglichkeiten kompetent genutzt werden könnten.

Zur fachlichen Bildung in den verschiedenen Fakultäten müsste dementsprechend die Fähigkeit gehören, auch vor einem nichtfachlichen Publikum überzeugend und kompetent über die Probleme des Fachs zu sprechen. (…) .

Damit sind wir aber endgültig beim springenden Punkt: Glaubwürdigkeit ist das wichtigste Kapital des Redners überhaupt. Das Thema wäre sicher eine eigene Vorlesung wert. Hier nur so viel: Glaubwürdigkeit entsteht durch Wahrhaftigkeit, durch Übereinstimmung von Wort und Tat und durch Kompetenz. Nun kann man all das vortäuschen oder bis zu einem gewissen Grad auch ersetzen. Statt eigenen Charakter zu entwickeln, kann man sich ein Image erarbeiten lassen. Wahrhaftigkeit lässt sich zur Not vorschwindeln, und Kompetenz kann man durch Beherrschung von Jargon und angelernten Floskeln suggerieren. (…)

Ich verlange damit nicht den Verzicht auf Witz und Übertreibung, auf polemische Zuspitzung und Schärfe, auf Ironie oder gelegentlichen Sarkasmus. All das schützt uns vor Langeweile, einer oft unterschätzten Feindin der Beredsamkeit. Ich bin aber fest davon überzeugt, dass eine Demokratie ohne Wahrhaftigkeit und Glaubwürdigkeit der in ihr Redenden ihre eigenen Fundamente verliert. Ich bin ebenso davon überzeugt, dass der durch Wahrhaftigkeit glaubwürdige Redner auf die Dauer der erfolgreichere ist.

(…)

Kapitel 12

Ihre ganz persönliche Nachbereitung des Buches

In diesem Buch habe ich Ihnen viele Tipps und Anregungen vermittelt. Notieren Sie sich nun bitte diejenigen, die für Sie am wichtigsten sind. Konzentrieren Sie sich zunächst nur auf ein Thema. Versuchen Sie lieber eins nach dem anderen, statt alles auf einmal umzusetzen.

Ihre wichtigsten Erkenntnisse:

Was möchten Sie bis wann verändern?

Was nehmen Sie als Erstes in Angriff?

Wann ist für Sie diesbezüglich ein Erfolg eingetreten?

Viel Erfolg wünscht Ihnen Ihr Peter Kürsteiner!

Es folgen nun Arbeitsblätter, die Sie als Kopiervorlage zur praktischen Vorbereitung und Durchführung Ihrer Vorträge verwenden können.

Kopiervorlage: Vortragsthema

Wer sind meine Zuhörer? Was zeichnet sie aus?

Was ist mein Ziel? Was soll beim Publikum danach erreicht sein?

Was ist der Nutzen für die Zuhörer?

Inhalte	Medium
Anfang	
Hauptteil	
Ende	

Kopiervorlage: Gedankliche Planung des Vortrags

Kopiervorlage: Stichwortzettel

Thema:		
Zeit	Stichwörter	Medium
Thema:		

Kopiervorlage: Checkliste Vorbereitung

☐ Ziel schriftlich notiert.

☐ Nutzen schriftlich fixiert.

☐ Erwartung der Zielgruppe erfragt.

☐ Anfang und Ende auswendig gelernt.

☐ Schwierige Übergänge trainiert.

☐ Aussprache schwieriger Wörter geübt.

☐ Namen von Personen auswendig gelernt.

☐ Technik vorher überprüft (Overhead-Projektor, Flipchart-Papier etc.).

☐ Unterlagen auf Vollständigkeit überprüft (nichts vergessen?).

☐ Mit dem Raum vertraut gemacht.

☐ Generalprobe (mindestens einmal) durchgeführt.

Kopiervorlage: Checkliste Nachbereitung

	Ja	Nein	Teils
Ziel erreicht?	☐	☐	☐
Kam Vortrag gut an?	☐	☐	☐
Anfang gelungen?	☐	☐	☐
Ende gelungen?	☐	☐	☐
Erwartungen der Zuhörer erfüllt?	☐	☐	☐
Ohne Hänger durchgekommen?	☐	☐	☐
Konnten mich alle gut hören?	☐	☐	☐
Schwierige Wörter erläutert?	☐	☐	☐
Namen auswendig gewusst?	☐	☐	☐
Fragen beantworten können?	☐	☐	☐
Technik problemlos funktioniert?	☐	☐	☐
Unterlagen vollständig?	☐	☐	☐

Was kann ich beim nächsten Mal noch besser machen?

Literaturhinweise

Nachfolgend finden Sie einige Literaturempfehlungen. Diese Bücher sind nach verschiedenen Bereichen geordnet. Alle Bücher sind einfach zu lesen und haben mir persönlich gut gefallen. Ich hoffe, dass auch für Sie etwas dabei ist und wünsche viel Spaß beim Lesen.

Rede, Vortrag, Präsentation

Bernstein, David: Die Kunst der Präsentation. Campus, Frankfurt a.M. 1991.

Boylan, Bob: Brings auf den Punkt! mvg, Landsberg 1996.

Ditko, Peter H./Engelen, Norbert Q.: In Bildern reden. Econ, Düsseldorf 1996.

Ebeling, Peter: Reden ohne Lampenfieber. Walhalla u. Praetoria, Regensburg [3]1998.

Ebeling, Peter: Rhetorik – der Weg zum Erfolg. Humboldt-TB, München o.J.

Hartmann, Martin/Funk, Rüdiger/Nietmann, Horst: Präsentieren. Beltz, Weinheim und Basel [6]2000.

Heigl, Peter: Sicher reden/Sprechen Sie sicher. Jünger, Offenbach 1991.

Hierhold, Emil: Sicher präsentieren – wirksamer vortragen. Ueberreuter, Wien [4]1998.

Kürsteiner, Peter, Notebook und Beamer-Präsentationen. Ueberreuter, Wien 2002.

Rock, Gerhard: Präsentieren mit Power. moderne industrie, Landsberg 1995.

Rogers, Natalie H.: Frei reden ohne Angst und Lampenfieber! Ullstein, Berlin [7]1996.

Scheler, Uwe: Informationen präsentieren. Gabal, Offenbach [2]1997.

Schrader, Einhard/Biene, Joachim/Pohley, Katja: Optische Sprache. Windmühle, Hamburg 1991.

Seifert, Josef W.: Visualisieren – Präsentieren – Moderieren. Gabal, Offenbach [12]1996.

Thiele, Albert: Rhetorik. Gabler, Wiesbaden [2]1994.

Will, Hermann: Mini-Handbuch Vortrag und Präsentation. Beltz, Weinheim und Basel [3]2002.

Zelazny, Gene: Wie aus Zahlen Bilder werden! Gabler, Wiesbaden [5]1999.

Kommunikation

Carnegie, Dale: Wie man Freunde gewinnt. Scherz, München 1986.

Cole, Kris: Kommunikation klipp und klar. Beltz, Weinheim und Basel [3]2001.

Gehm, Theo: Kommunikation im Beruf. Beltz, Weinheim und Basel [3]1999.

Gündel, Jürgen: Transaktionsanalyse. PAL, Mannheim [3]1994.

Schulz von Thun, Friedemann: Miteinander reden 1. Rowohlt, Reinbek 1981.

Schulz von Thun, Friedemann: Miteinander reden 2. Rowohlt, Reinbek 1989.

Schulz von Thun, Friedemann: Miteinander reden 3. Rowohlt, Reinbek 1998.

Walther, George: Sag, was Du meinst, und Du bekommst, was Du willst. Econ, Düsseldorf [13]1997.

Energie/Gesundheit

Dethlefsen, Thorwald: Krankheit als Weg. Goldmann, München 1996.

Diamond, Harvey und Marilyn: Fit fürs Leben (»Fit for life«). Goldmann, München 1998.

Pollmer, Udo u.a.: Prost Mahlzeit. Krank durch gesunde Ernährung! Kiepenheuer & Witsch, Köln 1996.

Motivation/Managementwisssen

Sprenger, Reinhard K.: Das Prinzip Selbstverantwortung. Campus, Frankfurt a.M. [9]1998.

Seiwert, Lothar J./Gay, Friedbert: Das 1x1 der Persönlichkeit. Gabal, Offenbach [4]1997.

Gedächtnis/Lernen

Kürsteiner, Peter/Berkensträter, Inga: Gedächtnistraining. Ueberreuter, Wien 1998.

Arbeitsmethodik/Zeitmanagement

Hovestädt, Wolfgang: Sich selbst organisieren. Beltz, Weinheim und Basel 1997.

Seiwert, Lothar J.: Das »neue« 1x1 des Zeitmanagements. Gabal, Offenbach [19]1997.

Seiwert, Lothar J.: Selbstmanagement. Gabal, Offenbach [7]1997.

Glaubenssätze/Einstellung

Carnegie, Dale: Freu dich des Lebens! Scherz, München 1999.

Carnegie, Dale: Sorge Dich nicht – lebe! Scherz, München 1986.

Murphy, Dr. Joseph: Die Macht Ihres Unterbewußtseins. Goldmann, München 1998.

Robbins, Anthony: Das Power-Prinzip – Grenzenlose Energie. Heyne, München 1995.

Lassen, Arthur: Heute ist mein bester Tag. LET, Bruchköbel 1997.

Ein Feedback über die empfohlenen Bücher würde mich sehr freuen. Viel Spaß beim Lesen!

Bildnachweis

Zeichnungen: Inga Berkensträter, Hannover
Fotos: Kai Ludwig, Büdingen

Machen Sie mehr aus Ihrer Stimme